देवी गीता

Devi Gita

Translated By

स्वामी सत्यानन्द सरस्वती

Swami Satyananda Saraswati

Published By
Devi Mandir Publications

Devi Mandir Publications
5958 Highway 128
Napa, CA 94558 USA
707-966-2802

ISBN 1-877795-56-9
Library of Congress Catalog Card Number
CIP 91-75810

Devī Gītā, Swami Satyananda Saraswati
1. Hindu Religion. 2. Goddess Worship.
3. Spirituality. 4. Philosophy. I. Saraswati,
Swami Satyananda

Saṃskṛt and Computer Layout by
Swami Vittalananda Saraswati

www.shreemaa.org

Introduction

Tārakāsura, the Illuminator of Duality performed a severe tapasyā, a great penance. Then Brahmā came to him and said, "What boon do you desire? Choose from me some boon, and I will grant you your desire."

Tārakāsura said, "I want to be immortal. I wish that I will never die."

Brahmā replied, "That's impossible. Nothing can remain forever. Everything born must die at some time or other. Choose another boon."

Tārakāsura thought for a moment and then said, "Well, if I have to die, then I want my death to occur only at the hands of the son of Śiva."

Brahmā said, "Tathāstu, I will give you that boon!"

So Tārakāsura, the Illuminator of Duality, conquered the entire earth and made everyone on earth servants of the Illuminator of Duality. He then marched straight up to the heavens and sat down on the throne of Indra. He threw all the Gods and Goddesses out of heaven, and became Lord of the three worlds.

Then he ordered, "I want everyone to serve the Illuminator of Duality. No one will worship the Gods. Don't waste time meditating. Just serve me. I will be the only one worshipped in the three worlds."

At this news, the Gods became extremely depressed, and in that dejected state they asked one another, "What are we going to do about this? We need the son of Śiva in order to get rid of this wicked asura. All of this is overwhelming! How are we going to combat such a state of affairs?"

Then the Gods and Brahmins, ṛṣis and munis, all went to the Himālayas and began to perform various forms of tapasyā to request the Divine Mother to make Her presence manifest. They recited hymns to the Goddess and sang the stories of Her manifestations. They performed the fire sacrifice and did yoga āsanas and prāṇāyāma, and mudrās and kriyās and japa and tapa, and in every way they invoked the Divine Mother. They propitiated Her and begged Her to please make Her presence manifest.

When they lost themselves in the ecstasy of divine devotion, Mother came and spoke to them. She said, "What is it that you want?"

"Oh Mother, Tārakāsura, the Illuminator of Duality, has won the boon that only the son of Śiva can destroy him. With the strength of this boon he has been working evil on the earth, and has made everyone a servant of duality. Therefore, we want you to come and manifest yourself in an embodied form. Please Mother, marry with Śiva again, and give us the son that will lead the armies of divinity to be victorious in battle.

Mother said, "I accept, and I will try to fulfill your wish. I will take birth in the home of Himālaya, and then I will do tapasyā in order to secure Śiva's blessings. If He wills, I will marry with Him, and when Śiva will accept me as his wife, we will bring forth the son that will lead the armies of divinity to become victorious in battle."

Hearing this news, Himālaya began to cry. "Mother, what have I done to deserve the honor of having You take birth in my home? How should I act when I become the father of the Divine Mother? How shall my home be when the Divine Mother takes birth within it? What shall be my tapasyā? What shall be my way of life? What shall be my words? What shall be my actions? How shall I regard you? How shall I serve you? How can I love You purely, so that Your mission can be fulfilled? Please explain this to me."

And with these questions of Himālaya, the teachings of the Devī Gītā begin.

Gītā means a song, Devī is the Goddess, the Song of the Divine Mother Goddess. The Devī Gītā is comprised of twelve chapters included within the Seventh Skandha, or

Book, of the Śrīmad Devī Bhāgavatam, from Chapters 29-40, and it teaches a doctrine of wholistic spirituality. All of the various philosophies are links in the chain to higher understanding. All of the forms of Yoga are united in the union with the Supreme. Without wisdom one cannot produce right actions; without devotion one cannot meditate. All Yogas, all wisdom, all paths comprise a harmony of divine insight.

Devī Gītā teaches both the worship of the deity with form and the meditation on the Cosmic Divinity beyond form and knowledge. It is a compendium of spiritual disciplines, constantly weaving its tapestry of harmony so that all actions in life become expressions of the longing for the highest attainment.

Only two possibilities exist in any translation: that the translator is true to the original, or true to the translation; either the Saṃskṛt will be faithfully and correctly reported, or the English. I have chosen the Saṃskṛt, because I am hopeful that this work will have greater usage for sincere students, who in addition to learning the Philosophy of the Goddess, are also interested in studying Her native language. It is my opinion that the more we love someone or some thing, the greater is our desire to learn about it. That is, devotion can never be separated from Wisdom. This is clearly indicated in the present text as well. Therefore, as we fall deeper and deeper in love with the Divine Mother Goddess, it becomes more and more important for us to study Her native language, and for this reason, in some places in the translation of this text, the English may seem a little clumsy (to say the least).

I want to go on record as saying that this is not solely because I am completely illiterate and don't know proper English syntax, but rather that I may be excused, for this attempt is to follow as closely as possible the word order from the original Saṃskṛt. The reader will thus find some verses beginning with long prepositional phrases, and others with the subject and especially the verb, coming at the end of the sentence. Please excuse this cumbersome technique, but it is my hope that students of Saṃskṛt can use this as a critical grammar text, and maybe even learn to chant the original Saṃskṛt with understanding, in addition to its tremendous importance as an exposition of the Philosophy of the Goddess.

I would like to acknowledge loving sevā by Swami Viṭṭalānanda, Janārdanānanda, and excellent suggestions by Klaus and the entire Devi Mandir family. Especially I bow to Shree Maa, who provided the inspiration for this and other spiritual endeavors, which allow me to make a contribution to mankind's expression of the ultimate love for God. I hope that this work will be finished in such a way as to make you all proud of your contributions, as I am proud to have such friends and associates as yourselves. Namaste to you all.

Swami Satyananda Saraswati
Devi Mandir, 1991

श्री मन्महागणाधिपतये नमः

śrī manmahāgaṇādhipataye namaḥ
We bow to the Respected Great Lord of Wisdom.

लक्ष्मीनारायणाभ्यां नमः

lakṣmīnārāyaṇābhyāṃ namaḥ
We bow to Lakṣmī and Nārāyaṇa, The Goal of all Existence and the Perceiver of all.

उमामहेश्वराभ्यां नमः

umāmaheśvarābhyāṃ namaḥ
We bow to Umā and Maheśvara, She who protects existence, and the Great Consciousness or Seer of all.

वाणीहिरण्यगर्भाभ्यां नमः

vāṇīhiraṇyagarbhābhyāṃ namaḥ
We bow to Vāṇī and Hiraṇyagarbha, Sarasvatī and Brahmā, who create the cosmic existence.

शचीपुरन्दराभ्यां नमः

śacīpurandarābhyāṃ namaḥ
We bow to Śacī and Purandara, Indra and his wife, who preside over all that is divine.

मातापितृभ्यां नमः

mātāpitṛbhyāṃ namaḥ
We bow to the Mothers and Fathers.

इष्टदेवताभ्यो नमः

iṣṭadevatābhyo namaḥ
We bow to the chosen deity of worship.

कुलदेवताभ्यो नमः

kuladevatābhyo namaḥ
We bow to the family deity of worship.

ग्रामदेवताभ्यो नमः

grāmadevatābhyo namaḥ
We bow to the village deity of worship.

वास्तुदेवताभ्यो नमः

vāstudevatābhyo namaḥ
We bow to the particular household deity of worship.

स्थानदेवताभ्यो नमः

sthānadevatābhyo namaḥ
We bow to the established deity of worship.

सर्वेभ्यो देवेभ्यो नमः

sarvebhyo devebhyo namaḥ
We bow to all the Gods.

सर्वेभ्यो ब्राह्मणेभ्यो नमः

sarvebhyo brāhmaṇebhyo namaḥ
We bow to all the Knowers of divinity.

खड्गं चक्रगदेषुचापपरिघाञ्छूलं भुशुण्डीं शिरः
शङ्खं संदधतीं करैस्त्रिनयनां सर्वाङ्गभूषावृताम् ।
नीलाश्मद्युतिमास्यपाददशकां सेवे महाकालिकां
यामस्तौत्स्वपिते हरौ कमलजो हन्तुं मधुं कैटभम् ॥

khaḍgaṃ cakra gadeṣu cāpa
parighāñ chūlaṃ bhuśuṇḍīṃ śiraḥ
śaṅkhaṃ saṃdadhatīṃ karai
strinayanāṃ sarvāṅga bhūṣāvṛtām
nīlāśmadyutimāsya pāda-
daśakāṃ seve mahākālikāṃ
yāmastaut svapite harau kamalajo
hantuṃ madhuṃ kaiṭabham

Bearing in Her ten hands the sword of worship, the discus of revolving time, the club of articulation, the bow of determination, the iron bar of restraint, the pike of attention, the sling, the head of egotism and the conch of vibrations, She has three eyes and displays ornaments on all Her limbs. Shining like a blue gem, She has ten faces and feet. I worship that Great Remover of Darkness whom the lotus-born Creative Capacity praised in order to slay Too Much and Too Little, when the Supreme Consciousness was in sleep.

अक्षस्रक्परशुं गदेषुकुलिशं पद्मं धनुः कुण्डिकां
दण्डं शक्तिमसिं च चर्म जलजं घण्टां सुराभाजनम् ।
शूलं पाशसुदर्शने च दधतीं हस्तैः प्रसन्नाननां
सेवे सैरिभमर्दिनीमिह महालक्ष्मीं सरोजस्थिताम् ॥

akṣasrak paraśuṃ gadeṣu kuliśaṃ
padmaṃ dhanuḥ kuṇḍikāṃ
daṇḍaṃ śaktim asiṃ ca carma
jalajaṃ ghaṇṭāṃ surābhājanam
śūlaṃ pāśa sudarśane ca
dadhatīṃ hastaiḥ prasannānanāṃ
seve sairibha mardinīmiha
mahālakṣmīṃ sarojasthitām

She with the beautiful face, the Destroyer of the Great Ego, is seated upon the lotus of Peace. In Her hands She holds the rosary of alphabets, the battle axe of good actions, the club of articulation, the arrow of speech, the thunderbolt of illumination, the lotus of peace, the bow of determination, the water-pot of purification, the staff of discipline, energy, the sword of worship, the shield of faith, the conch of vibrations, the bell of continuous tone, the wine cup of joy, the pike of concentration, the net of unity and the discus of revolving time named Excellent Intuitive Vision. I worship that Great Goddess of True Wealth.

घण्टाशूलहलानि शङ्खमुसले चक्रं धनुः सायकं
हस्ताब्जैर्दधतीं घनान्तविलसच्छीतांशुतुल्यप्रभाम् ।
गौरीदेहसमुद्भवां त्रिजगतामाधारभूतां महा-
पूर्वामत्र सरस्वतीमनुभजे शुम्भादिदैत्यार्दिनीम् ॥

ghaṇṭā śūla halāni śaṅkha
musale cakraṃ dhanuḥ sāyakaṃ
hastābjair dadhatīṃ ghanānta
vilasacchītāṃ śutulya prabhām
gaurīdeha samudbhavāṃ
trijagatām ādhārabhūtāṃ mahā-
pūrvāmatra sarasvatīm anubhaje
śumbhādi daityārdinīm

Bearing in Her lotus hands the bell of continuous tone, the pike of concentration, the plow sowing the seeds of the Way of Truth to Wisdom, the conch of vibrations, the pestle of refinement, the discus of revolving time, the bow of determination and the arrow of speech, whose radiance is like the moon in autumn, whose appearance is most beautiful, who is manifested from the body of She Who is Rays of Light, and is the support of the three worlds, that Great Goddess of All-Pervading Knowledge, who destroyed Self-Conceit and other thoughts I worship.

या चण्डी मधुकैटभादिदैत्यदलनी या माहिषोन्मूलिनी
या धूम्रेक्षणचण्डमुण्डमथनी या रक्तबीजाशनी ।
शक्तिः शुम्भनिशुम्भदैत्यदलनी या सिद्धिदात्री परा
सा देवी नवकोटिमूर्तिसहिता मां पातु विश्वेश्वरी ॥

yā caṇḍī madhukaiṭabhādidaityadalanī yā māhiṣonmūlinī
yā dhūmrekṣaṇacaṇḍamuṇḍamathanī yā raktabījāśanī
śaktiḥ śumbhaniśumbhadaityadalanī yā siddhidātrī parā
sā devī navakoṭimūrtisahitā māṃ pātu viśveśvarī

That Chaṇḍī, who slays the negativities of Too Much and Too Little and other Thoughts; Who is the Destroyer of the Great Ego, and the Vanquisher of Sinful Eyes, Passion and Anger, and the Seed of Desire; the Energy which tears asunder Self-Conceit and Self-Deprecation, the Grantor of the highest attainment of perfection: may that Goddess who is represented by ninety million divine images, Supreme Lord of the Universe, remain close and protect me.

ॐ अग्निर्ज्योतिर्ज्योतिरग्निः स्वाहा ।
सूर्यो ज्योतिर्ज्योतिः सूर्यः स्वाहा ।
अग्निर्वर्चो ज्योतिर्वर्चः स्वाहा ।
सूर्यो वर्चो ज्योतिर्वर्चः स्वाहा ।
ज्योतिः सूर्यः सूर्यो ज्योतिः स्वाहा ॥

oṃ agnir jyotir jyotir agniḥ svāhā
sūryo jyotir jyotiḥ sūryaḥ svāhā
agnir varco jyotir varcaḥ svāhā
sūryo varco jyotir varcaḥ svāhā
jyotiḥ sūryaḥ sūryo jyotiḥ svāhā

Oṃ The Divine Fire is the Light, and the Light is the Divine Fire; I am One with God! The Light of Wisdom is the Light, and the Light is the Light of Wisdom; I am One with God!

The Divine Fire is the offering, and the Light is the Offering; I am One with God! The Light of Wisdom is the Offering, and the Light is the Light of Wisdom; I am One with God!

(Wave light)

ॐ अग्निर्ज्योती रविर्ज्योतिश्चन्द्रो ज्योतिस्तथैव च ।
ज्योतिषमुत्तमो देवि दीपोऽयं प्रतिगृह्यतम् ॥
एष दीपः ॐ ऐं ह्रीं क्लीं चामुण्डायै विच्चे ॥

oṃ agnirjyotī ravirjyotiścandra jyotistathaiva ca
jyotiṣamuttamo devi dīpo-yaṃ pratigṛhyatam
eṣa dīpaḥ oṃ aiṃ hrīṃ klīṃ cāmuṇḍāyai vicce

Oṃ The Divine Fire is the Light, the Light of Wisdom is the Light, the Light of Devotion is the Light as well. The Light of the Highest Bliss, Oh Goddess, is in the Light which we offer, the Light which we request you to accept. With the offering of Light oṃ aiṃ hrīṃ klīṃ cāmuṇḍāyai vicce.

(Wave incense)

ॐ वनस्पतिरसोत्पन्नो गन्धात्ययी गन्ध उत्तमः ।
आघ्रेयः सर्व देवानां धूपोऽयं प्रतिगृह्यताम् ॥
एष धूपः ॐ ऐं ह्रीं क्लीं चामुण्डायै विच्चे ॥

oṃ vanaspatirasotpanno gandhātyayī gandha uttamaḥ
āghreyaḥ sarva devānāṃ dhūpo-yaṃ pratigṛhyatām
eṣa dhūpaḥ oṃ aiṃ hrīṃ klīṃ cāmuṇḍāyai vicce

Oṃ Spirit of the Forest, from you is produced the most excellent of scents. The scent most pleasing to all the Gods, that scent we request you to accept. With the offering of fragrant scent oṃ aiṃ hrīṃ klīṃ cāmuṇḍāyai vicce.

ॐ पयः पृथिव्यां पय ओषधीषु
पयो दिव्यन्तरिक्षे पयो धाः ।
पयःस्वतीः प्रदिशः सन्तु मह्यम् ॥

oṃ payaḥ pṛthivyāṃ paya oṣadhīṣu
payo divyantarikṣe payo dhāḥ
payaḥsvatīḥ pradiśaḥ santu mahyam

Oṃ Earth is a reservoir of nectar, all vegetation is a reservoir of nectar, the divine atmosphere is a reservoir of nectar, and also above. May all perceptions shine forth with the sweet taste of nectar for us.

ॐ अग्निर्देवता वातो देवता सूर्यो देवता चन्द्रमा देवता
वसवो देवता रुद्रो देवता ऽदित्या देवता मरुतो देवता
विश्वे देवा देवता बृहस्पतिर्देवतेन्द्रो देवता वरुणो देवता ॥

oṃ agnirdevatā vāto devatā sūryo devatā candramā devatā vasavo devatā rudro devatā-dityā devatā maruto devatā viśve devā devatā bṛhaspatirdevatendro devatā varuṇo devatā

Oṃ The Divine Fire (Light of Purity) is the shining God, the Wind is the shining God, the Sun (Light of Wisdom) is the shining God, the Moon (Lord of Devotion) is the shining God, the Protectors of the Wealth are the shining Gods, the Relievers of Sufferings are the shining Gods, the Sons of the Light are the shining Gods; the Emmancipated seers (Maruts) are the shining Gods, the Universal Shining Gods are the shining Gods, the Guru of the Gods is the shining God, the Ruler of the Gods is the shining God, the Lord of Waters is the shining God.

ॐ भूर्भुवः स्वः ।
तत् सवितुर्वरेण्यम् भर्गो देवस्य धीमहि ।
धियो यो नः प्रचोदयात् ॥

oṃ bhūr bhuvaḥ svaḥ
tat savitur vareṇyam bhargo devasya dhīmahi
dhiyo yo naḥ pracodayāt

Oṃ the Infinite Beyond Conception, the gross body, the subtle body and the causal body; we meditate upon that Light of Wisdom which is the Supreme Wealth of the Gods. May it grant to us increase in our meditations.

ॐ भूः

oṃ bhūḥ
Oṃ the gross body

ॐ भुवः

oṃ bhuvaḥ
Oṃ the subtle body

ॐ स्वः

oṃ svaḥ
Oṃ the causal body

ॐ महः

oṃ mahaḥ
Oṃ the great body of existence

ॐ जनः

oṃ janaḥ
Oṃ the body of knowledge

ॐ तपः

oṃ tapaḥ
Oṃ the body of light

ॐ सत्यं

oṃ satyaṃ
Oṃ the body of Truth

ॐ तत् सवितुर्वरेण्यम् भर्गो देवस्य धीमहि ।
धियो यो नः प्रचोदयात् ॥

oṃ tat savitur vareṇyam bhargo devasya dhīmahi
dhiyo yo naḥ pracodayāt

Oṃ we meditate upon that Light of Wisdom which is the Supreme Wealth of the Gods. May it grant to us increase in our meditations.

ॐ आपो ज्योतीरसोमृतं ब्रह्म भूर्भुवस्स्वरोम् ॥

oṃ āpo jyotīrasomṛtaṃ brahma bhūrbhuvassvarom

May the divine waters luminous with the nectar of immortality of Supreme Divinity fill the earth, the atmosphere and the heavens.

ॐ मां माले महामाये सर्वशक्तिस्वरूपिणि ।
चतुर्वर्गस्त्वयि न्यस्तस्तस्मान्मे सिद्धिदा भव ॥

oṃ māṃ māle mahāmāye sarva śakti svarūpiṇi
catur vargas tvayi nyastas tasmān me siddhidā bhava

Oṃ My Rosary, The Great Measurement of Consciousness, containing all energy within as your intrinsic nature, give to me the attainment of your Perfection, fulfilling the four objectives of life.

ॐ अविघ्नं कुरु माले त्वं गृह्णामि दक्षिणे करे ।
जपकाले च सिद्ध्यर्थं प्रसीद मम सिद्धये ॥

oṃ avighnaṃ kuru māle tvaṃ gṛhṇāmi dakṣiṇe kare
japakāle ca siddhyarthaṃ prasīda mama siddhaye

Oṃ Rosary, You please remove all obstacles. I hold you in my right hand. At the time of recitation be pleased with me. Allow me to attain the Highest Perfection.

ॐ अक्षमालाधिपतये सुसिद्धिं देहि देहि सर्वमन्त्रार्थसाधिनि साधय साधय सर्वसिद्धिं परिकल्पय परिकल्पय मे स्वाहा ॥

oṃ akṣa mālā dhipataye susiddhiṃ dehi dehi sarva mantrārtha sādhini sādhaya sādhaya sarva siddhiṃ parikalpaya parikalpaya me svāhā

Oṃ Rosary of rudrākṣa seeds, my Lord, give to me excellent attainment. Give to me, give to me. Illuminate the meanings of all mantras, illuminate, illuminate! Fashion me with all excellent attainments, fashion me! I am One with God!

एते गन्धपुष्पे ॐ गँ गणपतये नमः

ete gandhapuṣpe oṃ gaṁ gaṇapataye namaḥ

With these scented flowers Oṃ we bow to the Lord of Wisdom, Lord of the Multitudes.

एते गन्धपुष्पे ॐ आदित्यादि नवग्रहेभ्यो नमः

ete gandhapuṣpe oṃ ādityādi navagrahebhyo namaḥ

With these scented flowers Oṃ we bow to the Sun, the Light of Wisdom, along with the nine planets.

एते गन्धपुष्पे ॐ शिवादिपञ्चदेवताभ्यो नमः

ete gandhapuṣpe oṃ śivādipañcadevatābhyo namaḥ

With these scented flowers Oṃ we bow to Śiva, the Consciousness of Infinite Goodness, along with the five primary deities (Śiva, Śakti, Viṣṇu, Gaṇeśa, Sūrya).

एते गन्धपुष्पे ॐ इन्द्रादिदशदिक्पालेभ्यो नमः

ete gandhapuṣpe oṃ indrādi daśadikpālebhyo namaḥ

With these scented flowers Oṃ we bow to Indra, the Ruler of the Pure, along with the Ten Protectors of the ten directions.

एते गन्धपुष्पे ॐ मत्स्यादिदशावतारेभ्यो नमः

ete gandhapuṣpe oṃ matsyādi daśāvatārebhyo namaḥ
With these scented flowers Oṃ we bow to Viṣṇu, the Fish, along with the Ten Incarnations which He assumed.

एते गन्धपुष्पे ॐ प्रजापतये नमः

ete gandhapuṣpe oṃ prajāpataye namaḥ
With these scented flowers Oṃ we bow to the Lord of All Created Beings.

एते गन्धपुष्पे ॐ नमो नारायणाय नमः

ete gandhapuṣpe oṃ namo nārāyaṇāya namaḥ
With these scented flowers Oṃ we bow to the Perfect Perception of Consciousness.

एते गन्धपुष्पे ॐ सर्वेभ्यो देवेभ्यो नमः

ete gandhapuṣpe oṃ sarvebhyo devebhyo namaḥ
With these scented flowers Oṃ we bow to All the Gods.

एते गन्धपुष्पे ॐ सर्वाभ्यो देवीभ्यो नमः

ete gandhapuṣpe oṃ sarvābhyo devībhyo namaḥ
With these scented flowers Oṃ we bow to All the Goddesses.

एते गन्धपुष्पे ॐ श्री गुरवे नमः

ete gandhapuṣpe oṃ śrī gurave namaḥ
With these scented flowers Oṃ we bow to the Guru.

एते गन्धपुष्पे ॐ ब्राह्मणेभ्यो नमः

ete gandhapuṣpe oṃ brāhmaṇebhyo namaḥ
With these scented flowers Oṃ we bow to All Knowers of Wisdom.

Tie a piece of string around right middle finger or wrist.

ॐ कुशासने स्थितो ब्रह्मा कुशे चैव जनार्दनः ।
कुशे ह्याकाशवद् विष्णुः कुशासन नमोऽस्तु ते ॥

oṃ kuśāsane sthito brahmā kuśe caiva janārdana
kuśe hyākāśavad viṣṇuḥ kuśāsana namo-stu te

Brahmā is in the shining light (or kuśa grass), in the shining light resides Janārdana, the Lord of Beings. The Supreme all-pervading Consciousness, Viṣṇu, resides in the shining light. Oh Repository of the shining light, we bow down to you, the seat of kuśa grass.

ācamana

ॐ केशवाय नमः स्वाहा

oṃ keśavāya namaḥ svāhā

We bow to the one of beautiful hair.

ॐ माधवाय नमः स्वाहा

oṃ mādhavāya namaḥ svāhā

We bow to the one who is always sweet.

ॐ गोविन्दाय नमः स्वाहा

oṃ govindāya namaḥ svāhā

We bow to He who is one-pointed light.

ॐ विष्णुः ॐ विष्णुः ॐ विष्णुः

oṃ viṣṇuḥ oṃ viṣṇuḥ oṃ viṣṇuḥ

Oṃ Consciousness, Oṃ Consciousness, Oṃ Consciousness.

ॐ तत् विष्णोः परमं पदम् सदा पश्यन्ति सूरयः ।
दिवीव चक्षुराततम् ॥

oṃ tat viṣṇoḥ paramaṃ padam sadā paśyanti sūrayaḥ
divīva cakṣurā tatam

Oṃ That Consciousness of the highest station, who always sees the Light of Wisdom, give us Divine Eyes.

ॐ तद् विप्र स पिपानोव जुविग्रन्सो सोमिन्द्रते ।
विष्णुः तत् परमं पदम् ॥

oṃ tad vipra sa pipānova juvigranso somindrate
viṣṇuḥ tat paramaṃ padam

Oṃ That twice-born teacher who is always thirsty for accepting the nectar of devotion, Oh Consciousness, you are in that highest station.

ॐ अपवित्रः पवित्रो वा सर्वावस्थां गतोऽपि वा ।
यः स्मरेत् पुण्डरीकाक्षं स बाह्याभ्यन्तरः शुचिः ॥

oṃ apavitraḥ pavitro vā sarvāvasthāṃ gato-pi vā
yaḥ smaret puṇḍarīkākṣaṃ sa bāhyābhyantaraḥ śuciḥ

Oṃ The Impure and the Pure reside within all objects. Who remembers the lotus-eyed Consciousness is conveyed to radiant beauty.

ॐ सर्वमङ्गलमाङ्गल्यम् वरेण्यम् वरदं शुभं ।
नारायणं नमस्कृत्य सर्वकर्माणि कारयेत् ॥

oṃ sarva maṅgala māṅgalyam vareṇyam varadaṃ śubhaṃ
nārāyaṇaṃ namaskṛtya sarva karmāṇi kārayet

All the Welfare of all Welfare, the highest blessing of Purity and Illumination, with the offering of respect we bow down to the Supreme Consciousness who is the actual performer of all action.

ॐ सूर्य्यश्चमेति मन्त्रस्य ब्रह्मा ऋषिः प्रकृतिश्छन्दः आपो देवता आचमने विनियोगः ॥

oṃ sūryyaścameti mantrasya brahmā ṛṣiḥ prakṛtiśchandaḥ āpo devatā ācamane viniyogaḥ

Oṃ these are the mantras of the Light of Wisdom, the Creative Capacity is the Seer, Nature is the meter, the divine flow of waters is the deity, being applied in washing the hands and rinsing the mouth.

Draw the following yantra with some drops of water and/or sandal paste at the front of your seat. Place a flower on the bindu in the middle.

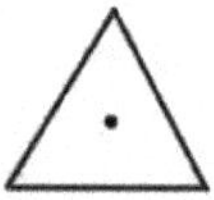

ॐ आसनस्य मन्त्रस्य मेरुपृष्ठ ऋषिः सुतलं छन्दः कूर्म्मो देवता आसनोपवेशने विनियोगः ॐ ॥

oṃ āsanasya mantrasya merupṛṣṭha ṛṣiḥ sutalaṃ chandaḥ kūrmmo devatā āsanopaveśane viniyogaḥ oṃ

Introducing the mantras of the Purification of the seat. The Seer is He whose back is Straight, the meter is of very beautiful form, the tortoise who supports the earth is the deity. These mantras are applied to make the seat free from obstructions.

एते गन्धपुष्पे ॐ ह्रीं आधारशक्तये कमलासनाय नमः ॥

ete gandhapuṣpe oṃ hrīṃ ādhāraśaktaye kamalāsanāya namaḥ

With these scented flowers Oṃ hrīṃ we bow to the Primal Energy situated in this lotus seat.

ॐ पृथ्वि त्वया धृता लोका देवि त्वं विष्णुना धृता ।
त्वञ्च धारय मां नित्यं पवित्रं कुरु चासनम् ॥

oṃ pṛthvi tvayā dhṛtā lokā devi tvaṃ viṣṇunā dhṛtā
tvañca dhāraya māṃ nityaṃ pavitraṃ kuru cāsanam

Oṃ Earth! You support the realms of the Goddess. You are supported by the Supreme Consciousness. Also bear me eternally and make pure this seat.

ॐ गुरुभ्यो नमः

oṃ gurubhyo namaḥ

Oṃ I bow to the Guru.

ॐ परमगुरुभ्यो नमः

oṃ paramagurubhyo namaḥ

Oṃ I bow to the Guru's Guru.

ॐ परापरगुरुभ्यो नमः

oṃ parāparagurubhyo namaḥ

Oṃ I bow to the Guru's Guru's Guru.

ॐ परमेष्ठिगुरुभ्यो नमः

oṃ parameṣṭhigurubhyo namaḥ

Oṃ I bow to the Supreme Guru.

ॐ गं गणेशाय नमः

oṃ gaṃ gaṇeśāya namaḥ

Oṃ I bow to the Lord of Wisdom.

ॐ अनन्ताय नमः

oṃ anantāya namaḥ

Oṃ I bow to the Infinite One.

ॐ ऐं ह्रीं क्लीं चामुण्डायै विच्चे

oṃ aiṃ hrīṃ klīṃ
cāmuṇḍāyai vicce

Oṃ Wisdom, Māyā, Transformation.

ॐ नमः शिवाय

oṃ namaḥ śivāya

Oṃ I bow to the Consciousness of Infinite Goodness.

Clap hands 3 times and snap fingers in the ten directions (N S E W NE SW NW SE UP DOWN) repeating

ॐ ऐं ह्रीं क्लीं चामुण्डायै विच्चे

oṃ aiṃ hrīṃ klīṃ cāmuṇḍāyai vicce

Oṃ aiṃ hrīṃ klīṃ cāmuṇḍāyai vicce.

saṅkalpa

विष्णुः ॐ तत् सत् । ॐ अद्य जम्बूद्वीपे ( ) देशे ( ) प्रदेशे ( ) नगरे ( ) मन्दिरे ( ) मासे ( ) पक्षे ( ) तिथौ ( ) गोत्र श्री ( ) कृतैतत् श्रीचण्डिकाकामः पूजाकर्माहं श्रीदेवी गीतापाठं करिष्ये ॥

viṣṇuḥ oṃ tat sat oṃ adya jambūdvīpe (Country) deśe (State) pradeśe (City) nagare (Name of house or temple) mandire (month) māse (śukla or kṛṣṇa) pakṣe (name of day) tithau (name of) gotra śrī (your name) kṛtaitat śrī caṇḍikā kāmaḥ pūjā karmāhaṃ śrī devī gītā pāṭhaṃ kariṣye

The Consciousness Which Pervades All, Oṃ That is Truth. Presently, on the Planet Earth, Country of (Name), State of (Name), City of (Name), in the Temple of (Name), (Name of Month) Month, (Bright or Dark) fortnight, (Name of Day) Day, (Name of Sadhu Family), Śrī (Your Name) is performing the worship for the satisfaction of the Respected Chaṇḍī by reciting the Devī Gītā.

ॐ यज्जाग्रतो दूरमुदैति दैवं तदु सुप्तस्य तथैवैति ।
दूरङ्गमं ज्योतिषां ज्योतिरेकं तन्मे मनः शिवसङ्कल्पमस्तु ॥

oṃ yajjāgrato dūramudaiti daivaṃ tadu suptasya tathaivaiti
dūraṅgamaṃ jyotiṣāṃ jyotirekaṃ
tanme manaḥ śiva saṅkalpamastu

May our waking consciousness replace pain and suffering with divinity as also our awareness when asleep. Far extending be our radiant aura of light, filling our minds with light. May that be the firm determination of the Consciousness of Infinite Goodness.

या गुङ्गूर्या सिनीवाली या राका या सरस्वती ।
इन्द्राणीमह्व ऊतये वरुणानीं स्वस्तये ॥

yā guṅgūryā sinīvālī yā rākā yā sarasvatī
indrāṇīmahva ūtaye varuṇānīṃ svastaye

May that Goddess who wears the Moon of Devotion protect the children of Devotion. May that Goddess of All-Pervading Knowledge protect us. May the Energy of the Rule of the Pure rise up. Oh Energy of Equilibrium grant us the highest prosperity.

ॐ स्वस्ति न इन्द्रो वृद्धश्रवाः स्वस्ति नः पूषा विश्ववेदाः ।
स्वस्ति नस्तार्क्ष्यो अरिष्टनेमिः
स्वस्ति नो बृहस्पतिर्दधातु ॥

oṃ svasti na indro vṛddhaśravāḥ
svasti naḥ pūṣā viśvavedāḥ
svasti nastārkṣyo ariṣṭanemiḥ svasti no bṛhaspatirdadhātu

The Ultimate Prosperity to us, Oh Rule of the Pure, who perceives all that changes; the Ultimate Prosperity to us, Searchers for Truth, Knowers of the Universe; the Ultimate Prosperity to us, Oh Divine Being of Light, keep us safe; the Ultimate Prosperity to us, Oh Spirit of All-Pervading Delight, grant that to us.

ॐ गणानां त्वा गणपतिꣳ हवामहे
प्रियाणां त्वा प्रियपतिꣳ हवामहे
निधीनां त्वा निधिपतिꣳ हवामहे वसो मम ।
आहमजानि गर्ब्भधमा त्वमजासि गर्ब्भधम् ॥

oṃ gaṇānāṃ tvā gaṇapati guṃ havāmahe
priyāṇāṃ tvā priyapati guṃ havāmahe
nidhīnāṃ tvā nidhipati guṃ havāmahe vaso mama
āhamajāni garbbhadhamā tvamajāsi garbbhadham

We invoke you with offerings, Oh Lord of the Multitudes; we invoke you with offerings, Oh Lord of Love; we invoke you with offerings, Oh Guardian of the Treasure. Sit within me, giving birth to the realm of the Gods within me; yes, giving birth to the realm of the Gods within me.

ॐ गणानां त्वा गणपतिꣳ हवामहे
कविं कवीनामुपमश्रवस्तमम् ।
ज्येष्ठराजं ब्रह्मणां ब्रह्मणस्पत
आ नः शृण्वन्नूतिभिः सीद सादनम् ॥

oṃ gaṇānāṃ tvā gaṇapati guṃ havāmahe
kaviṃ kavīnāmupamaśravastamam
jyeṣṭharājaṃ brahmaṇāṃ brahmaṇaspata
ā naḥ śṛnvannūtibhiḥ sīda sādanam

We invoke you with offerings, Oh Lord of the Multitudes, Seer among Seers, of unspeakable grandeur. Oh Glorious King, Lord of the Knowers of Wisdom, come speedily hearing our supplications and graciously take your seat amidst our assembly.

ॐ अदितिर्द्यौरदितिरन्तरिक्षमदितिर्माता स पिता

स पुत्रः । विश्वे देवा अदितिः पञ्च जना

अदितिर्जातमदितिर्जनित्वम् ॥

oṃ aditir dyauraditirantarikṣamaditirmātā
sa pitā sa putraḥ
viśve devā aditiḥ pañca janā
aditirjātamaditirjanitvam

The Mother of Enlightenment pervades the heavens; the Mother of Enlightenment pervades the atmosphere; the Mother of Enlightenment pervades Mother and Father and child. All Gods of the Universe are pervaded by the Mother, the five forms of living beings, all Life. The Mother of Enlightenment, She is to be known.

ॐ त्वं स्त्रीस्त्वं पुमानसि त्वं कुमार अत वा कुमारी ।

त्वं जिर्नो वन्देन वञ्चसि त्वं जातो भवसि विश्वतोमुखः ॥

oṃ tvaṃ strīstvaṃ pumānasi tvaṃ kumāra ata vā kumarī
tvaṃ jirno vandena vañcasi
tvaṃ jāto bhavasi viśvatomukhaḥ

You are Female, you are Male; you are a young boy, you are a young girl. You are the word of praise by which we are singing; you are all creation existing as the mouth of the universe.

ॐ अम्बेऽम्बिकेऽम्बालिके न मा नयति कश्चन ।

ससस्त्यश्वकः सुभद्रिकां काम्पीलवासिनीम् ॥

oṃ ambe-ambike-mbālike na mā nayati kaścana
sasastyaśvakaḥ subhadrikāṃ kāmpīlavāsinīm

Mother of the Perceivable Universe, Mother of the Conceivable Universe, Mother of the Universe of Intuitive Vision, lead me to that True Existence. As excellent crops (or grains) are harvested, so may I be taken to reside with the Infinite Consciousness.

ॐ शान्ता द्यौः शान्तापृथिवी शान्तमिदमुर्वन्तरिक्षम् ।
शान्ता उदन्वतिरापः शान्ताः नः शान्त्वोषधीः ॥

oṃ śāntā dyauḥ śāntā pṛthivī śāntam idamurvantarikṣam
śāntā udanvatirāpaḥ śāntāḥ naḥ śāntvoṣadhī

Peace in the heavens, Peace on the earth, Peace upwards and permeating the atmosphere; Peace upwards, over, on all sides and further; Peace to us, Peace to all vegetation;

ॐ शान्तानि पूर्वरूपाणि शान्तं नोऽस्तु कृताकृतम् ।
शान्तं भूतं च भव्यं च सर्वमेव शमस्तु नः ॥

oṃ śāntāni pūrva rūpāṇi śāntaṃ no-stu kṛtākṛtam
śāntaṃ bhūtaṃ ca bhavyaṃ ca sarvameva śamastu naḥ

Peace to all that has form, Peace to all causes and effects; Peace to all existence, and to all intensities of reality including all and everything; Peace be to us.

ॐ पृथिवी शान्तिरन्तरिक्षं शान्तिर्द्यौः
शान्तिरापः शान्तिरोषधयः शान्तिः वनस्पतयः
शान्तिर्विश्वे मे देवाः शान्तिः सर्वे मे देवाः शान्तिर्ब्रह्म
शान्तिरापः शान्ति सर्वं शान्तिरेधि शान्तिः शान्तिः सर्व
शान्तिः सा मा शान्तिः शान्तिभिः ॥

oṃ pṛthivī śāntir antarikṣaṃ śāntir dyauḥ
śāntir āpaḥ śāntir oṣadhayaḥ śāntiḥ vanaspatayaḥ śāntir
viśve me devāḥ śāntiḥ sarve me devāḥ śāntir brahma
śāntirāpaḥ śānti sarvaṃ śāntiredhi śāntiḥ śāntiḥ sarva
śāntiḥ sā mā śāntiḥ śāntibhiḥ

Let the earth be at Peace, the atmosphere be at Peace, the heavens be filled with Peace. Even further may Peace extend, Peace be to waters, Peace to all vegetation, Peace to All Gods of the Universe, Peace to All Gods within us,

Peace to Creative Consciousness, Peace be to Brilliant Light, Peace to All, Peace to Everything, Peace, Peace, altogether Peace, equally Peace, by means of Peace.

ताभिः शान्तिभिः सर्वशान्तिभिः समया मोहं यदिह घोरं यदिह क्रूरं यदिह पापं तच्छान्तं तच्छिवं सर्वमेव समस्तु नः ॥

tābhiḥ śāntibhiḥ sarva śāntibhiḥ samayā mohaṃ yadiha ghoraṃ yadiha krūraṃ yadiha pāpaṃ tacchāntaṃ tacchivaṃ sarvameva samastu naḥ

Thus by means of Peace, altogether one with the means of Peace, Ignorance is eliminated, Violence is eradicated, Improper Conduct is eradicated, Confusion (sin) is eradicated, all that is, is at Peace, all that is perceived, each and everything, altogether for us,

ॐ शान्तिः शान्तिः शान्तिः ॥

oṃ śāntiḥ śāntiḥ śāntiḥ

Oṃ Peace, Peace, Peace

ॐ ऐं ह्रीं क्लीं चामुण्डायै विच्चे

oṃ aiṃ hrīṃ klīṃ cāmuṇḍāyai vicce (108 times)

Oṃ aiṃ hrīṃ klīṃ cāmuṇḍāyai vicce

Chapter 1

जनमेजय उवाच

janamejaya uvāca
Janamejaya said:

\- 1 -

गौरीलक्ष्मीसरस्वत्यो दत्ताः पूर्वं पराम्बया ॥

gaurī lakṣmī sarasvatyo dattāḥ pūrvaṃ parāmbayā
Gaurī, Lakṣmī and Sarasvatī in ancient times were given by the Supreme Mother

\- 2 -

हराय हरये तद्वन्नाभिपद्मोद्भवाय च ।
तुषाराद्रेश्च दक्षस्य गौरी कन्येति विश्रुतम् ॥

harāya haraye tadvannābhipadmodbhavāya ca
tuṣārādreśca dakṣasya gaurī kanyeti viśrutam
to Hara (Śiva), Hari and to the One who sits in the lotus in Hari's navel (Brahmā). I have heard that Gaurī is also the daughter of Himālaya and the daughter of Dakṣa as well.

\- 3 -

क्षीरोदधेश्च कन्येति महालक्ष्मीरिति स्मृतम् ।
मूलदेव्युद्भवानां च कथं कन्यात्वमन्ययोः ॥

kṣīrodadheśca kanyeti mahālakṣmīriti smṛtam
mūladevyudbhavānāṃ ca kathaṃ kanyātvamanyayoḥ
I also remember that Mahālakṣmī is the daughter of the Milk Ocean. If they all evolved from the One Goddess, tell me how they became the daughters of others.

- 4 -

असम्भाव्यमिदं भाति संशयोऽत्र महामुने ।
छिन्धि ज्ञानासिना तं त्वं संशयच्छेदतत्परः ॥

asambhāvyamidaṃ bhāti saṃśayo-tra mahāmune
chindhi jñānāsinā taṃ tvaṃ saṃśayacchedatatparaḥ
This seems to be impossible. Illuminate my doubts, oh Great Wise One. With your sword of wisdom, cut my doubts to pieces.

व्यास उवाच

vyāsa uvāca
Vyāsa said:

- 5 -

शृणु राजन् प्रवक्ष्यामि रहस्यं परमाद्भुतम् ।
देवीभक्तस्य ते किञ्चिदवाच्यं न हि विद्यते ॥

śṛṇu rājan pravakṣyāmi rahasyaṃ paramādbhutam
devībhaktasya te kiñcidavācyaṃ na hi vidyate
Listen, oh King, as I elucidate the secret which is supremely marvelous. There is nothing that may not be spoken for the knowledge of a devotee of the Goddess.

- 6 -

देवीत्रयं यदा देवत्रयायादात् पराम्बिका ।
तदा प्रभृति ते देवाः सृष्टिकार्याणि चक्रिरे ॥

devītrayaṃ yadā devatrayāyādāt parāmbikā
tadā prabhṛti te devāḥ sṛṣṭikāryāṇi cakrire
The Supreme Mother gave the three Goddesses to the three Gods. Then those Gods began performing the cycles of creation and other works.

- 7 -

कस्मिंश्चित् समये राजन् दैत्या हालाहलाभिधाः ।
महापराक्रमा जातास्त्रैलोक्यं तैर्जितं क्षणात् ॥

kasmiṃścit samaye rājan daityā hālāhalābhidhāḥ
mahāparākramā jātāstrailokyaṃ tairjitaṃ kṣaṇāt

Once there was a time, oh King, when forces of duality (daityā) named Hālāhalā (Deadly Poison) took birth. They had great strength and prowess, and immediately filled the three worlds with their light.

- 8 -

ब्रह्मणो वरदानेन दर्पिता रजताचलम् ।
रुरुधुर्निजसेनाभिस्तथा वैकुण्ठमेव च ॥

brahmaṇo varadānena darpitā rajatācalam
rurudhurnijasenābhistathā vaikuṇṭhameva ca

Their pride was great due to a boon given to them by Brahmā, and with their own army they conquered the King of Mountains, Kailāsa, and then took Vaikuṇṭha as well.

- 9 -

कामारिः कैटभारिश्च युद्धोद्योगं च चक्रतुः ।
षष्टिवर्षसहस्राणामभूद्युद्धं महोत्कटम् ॥

kāmāriḥ kaiṭabhāriśca yuddhodyogaṃ ca cakratuḥ
ṣaṣṭivarṣasahasrāṇāmabhūdyuddhaṃ mahotkaṭam

The adversary of Love (Śiva) and the opponent of Kaiṭabha (Viṣṇu) became involved in the cycle of fighting. For sixty thousand years they fought an incredible battle greatly exceeding others.

- 10 -

हाहाकारो महानासीद् देवदानवसेनयोः ।
महताऽथ प्रयत्नेन ताभ्यां ते दानवा हताः ॥

hāhākāro mahānāsīd devadānavasenayoḥ
mahatā-tha prayatnena tābhyāṃ te dānavā hatāḥ

Shouting "Hā Hā" in great tones, both the armies of the Gods and the Dānavas engaged in tremendous effort, until finally the Dānavas were defeated.

- 11 -

स्वस्वस्थानेषु गत्वा तावभिमानं च चक्रतुः ।
स्वशक्त्योर्निकटे राजन् यद्वशादेव ते हताः ॥

svasvasthāneṣu gatvā tāvabhimānaṃ ca cakratuḥ
svaśaktyornikaṭe rājan yadvaśādeva te hatāḥ

They (Śiva and Viṣṇu) went each to his own place with a feeling of pride for the victory in the encounter, and each described to His own Śakti how the Gods accomplished the defeat.

- 12 -

अभिमानं तयोर्ज्ञात्वा छलहास्यं च चक्रतुः ।
महालक्ष्मीश्च गौरी च हास्यं दृष्ट्वा तयोस्तु तौ ॥

abhimānaṃ tayorjñātvā chalahāsyaṃ ca cakratuḥ
mahālakṣmīśca gaurī ca hāsyaṃ dṛṣṭvā tayostu tau

When they (Gaurī and Lakṣmī) learned of (their husbands') pride from the encounter, they secretly laughed. When Mahālakṣmī and Gaurī were seen laughing, then those two

- 13 -

देवावतीव सङ्क्रुद्धौ मोहितावादिमायया ।
दुरुत्तरं च ददतुरवमानपुरःसरम् ॥

devāvatīva saṅkruddhau mohitāvādimāyayā
duruttaraṃ ca dadaturavamānapuraḥsaram

Gods became uncontrollably angry, being thrust into ignorance by Māyā. They became abusive and offensive, as their thoughts were flowing uncontrollably.

- 14 -

ततस्ते देवते तस्मिन् क्षणे त्यक्त्वा तु तौ पुनः ।
अन्तर्हिते चाऽभवतां हाहाकारस्तदा ह्यभूत् ॥

tataste devate tasmin kṣaṇe tyaktvā tu tau punaḥ
antarhite cā-bhavatāṃ hāhākārastadā hyabhūt

From this behavior the two Goddesses left them immediately. Again they went inside and became unmanifest, while all existence cried in agony.

- 15 -

निस्तेजस्कौ च निःशक्ती विक्षिप्तौ च विचेतनौ ।
अवमानात् तयोः शक्त्योर्जातौ हरिहरौ तदा ॥

nistejaskau ca niḥśaktī vikṣiptau ca vicetanau
avamānāt tayoḥ śaktyorjātau hariharau tadā

The two Gods became without light, without energy, bewildered and unconscious. From their pride both Hari and Hara (Śiva) had lost their śaktis.

- 16 -

ब्रह्मा चिन्तातुरो जातः किमेतत् समुपस्थितम् ।
प्रधानौ देवतामध्ये कथं कार्याक्षमावमू ॥

brahmā cintāturo jātaḥ kimetat samupasthitam
pradhānau devatāmadhye kathaṃ kāryākṣamāvamū

Brahmā became very anxious. "What is this present circumstance? Between these two principal deities, tell me, how have they become incapable of performing their functions?

- 17 -

अकाण्डे किं निमित्तेन सङ्कटं समुपस्थितम् ।
प्रलयो भविता किं वा जगतोऽस्य निरागसः ॥

akāṇḍe kiṃ nimittena saṅkaṭaṃ samupasthitam
pralayo bhavitā kiṃ vā jagato-sya nirāgasaḥ

What is the reason for this? Why are they not present? Will the entire universe dissolve into indistinguishable existence?

- 18 -

निमित्तं नैव जानेऽहं कथं कार्या प्रतिक्रिया ।

इति चिन्तातुरोऽत्यर्थं दध्यौ मीलितलोचनः ॥

nimittaṃ naiva jāne-haṃ kathaṃ kāryā pratikriyā
iti cintāturo-tyarthaṃ dadhyau mīlitalocanaḥ

I don't know the reasons for this, nor what is feasible to be done." Thus with great anxiety, he closed his eyes in contemplation.

- 19 -

पराशक्तिप्रकोपात्तु जातमेतदिति स्म ह ।

जानंस्तदा सावधानः पद्मजोऽभून्नृपोत्तम ॥

parāśaktiprakopāttu jātametaditi sma ha
jānaṃstadā sāvadhānaḥ padmajo-bhūnnṛpottama

Then he saw that the Supreme Energy's anger had risen, and this was the cause. The Lotus One (Brahmā) sought to be careful that creation did not cease, oh Excellent King.

- 20 -

ततस्तयोश्च यत्कार्यं स्वयमेवाऽकरोत् तदा ।

स्वशक्तेश्च प्रभावेण कियत् कालं तपोनिधिः ॥

tatastayośca yatkāryaṃ svayamevā-karot tadā
svaśakteśca prabhāveṇa kiyat kālaṃ taponidhiḥ

Then he began to perform all by himself those functions which were being neglected (Preservation and Dissolution). Because of the intense exertion of his Energy, his time was absorbed in these activities, and they became his only austerity.

- 21 -

ततस्तयोस्तु स्वस्त्यर्थं मन्वादीन् स्वसुतानाथ ।
आह्वयामास धर्मात्मा सनकादींश्च सत्वरः ॥

tatastayostu svastyartham manvādīn svasutānātha
āhvayāmāsa dharmātmā sanakādīṃśca satvaraḥ

To search how to gain their (Śiva and Viṣṇu's) health again, he called his sons and invited those dharmic souls, Sanaka and others, of truthful vows.

- 22 -

उवाच वचनं तेभ्यः सन्नतेभ्यस्तपोनिधिः ।
कार्यसिक्तोऽहमधुना तपः कर्तुं न च क्षमः ॥

uvāca vacanaṃ tebhyaḥ sannatebhyastaponidhiḥ
kāryāsakto-hamadhunā tapaḥ kartuṃ na ca kṣamaḥ

Then he explained to them, "I am so occupied by these worldly functions, that I cannot engage in the performance of austerities.

- 23 -

पराशक्तेस्तु तोषार्थं जगद्धारयुतोऽस्म्यहम् ।
शिवविष्णू च विक्षिप्तौ पराशक्तिप्रकोपतः ॥

parāśaktestu toṣārthaṃ jagadbhārayuto-smyaham
śivaviṣṇū ca vikṣiptau parāśaktiprakopataḥ

You proceed with the objective of pleasing their Śaktis, while I continue the heavy work of this universe. Śiva and Viṣṇu have become negligent and inattentive because of the anger of the Supreme Energy.

- 24 -

तस्मात्तां परमां शक्तिं यूयं सन्तोषयन्त्वथ ।
अत्यद्भुतं तपः कृत्वा भक्त्या परमया युताः ॥

tasmāttāṃ paramāṃ śaktiṃ yūyaṃ santoṣayantvatha
atyadbhutaṃ tapaḥ kṛtvā bhaktyā paramayā yutāḥ

Do what is possible to make the Supreme Energy pleased. Performing extremely difficult austerities with devotion, gain them possession

- 25 -

यथा तौ पूर्ववृत्तौ च स्यातां शक्तियुतावपि ।
तथा कुरुत मत्पुत्रा यशोवृद्धिर्भवेद्धि वः ॥

yathā tau pūrvavṛttau ca syātāṃ śaktiyutāvapi
tathā kuruta matputrā yaśovṛddhirbhaveddhi vaḥ

of their former state, united with their Śaktis. Now, my sons, increase your fame and importance in the world.

- 26 -

कुले यस्य भवेज्जन्म तयोः शक्त्योस्तु तत्कुलम् ।
पावयेज्जगतीं सर्वां कृतकृत्यं स्वयं भवेत् ॥

kule yasya bhavejjanma tayoḥ śaktyostu tatkulam
pāvayejjagatīṃ sarvāṃ kṛtakṛtyaṃ svayaṃ bhavet

That family in which they take birth, and he (who gives them birth), will be filled with energy. That family will purify the entire universe, and he, himself, will obtain the objectives of all actions."

व्यास उवाच

vyāsa uvāca
Vyāsa said:

- 27 -

पितामहवचः श्रुत्वा गताः सर्वे वनान्तरे ।
रिराधयिषवः सर्वे दक्षाद्या विमलान्तराः ॥

pitāmahavacaḥ śrutvā gatāḥ sarve vanāntare
rirādhayiṣavaḥ sarve dakṣādyā vimalāntarāḥ

Hearing the statements of the Great Father, Dakṣa and others who were pure within, all went into the forest with the desire to meditate on the Supreme.

Chapter 2

व्यास उवाच

vyāsa uvāca
Vyāsa said:

\- 1 -

ततस्ते तु वनोद्देशे हिमाचलतटाश्रयाः ।
मायाबीजजपासक्तास्तपश्चेरुः समाहिताः ॥

tataste tu vanoddeśe himācalataṭāśrayāḥ
māyābījajapāsaktāstapaśceruḥ samāhitāḥ
Then they took refuge in a wooded area in the Himālaya Mountains, where they joined together in the japa of the Māyā bīja (Hrīṃ) with all of their capacity and purifying austerities.

\- 2 -

ध्यायतां परमां शक्तिं लक्षवर्षाण्यभूनृप ।
ततः प्रसन्ना देवी सा प्रत्यक्षं दर्शनं ददौ ॥

dhyāyatāṃ paramāṃ śaktīṃ lakṣavarṣāṇyabhūnnṛpa
tataḥ prasannā devī sā pratyakṣaṃ darśanaṃ dadau
They meditated on the Supreme Energy for one hundred thousand years, oh King. Then the Goddess was pleased and appeared before them in a perceivable form.

\- 3 -

पाशाङ्कुशवराभीतिचतुर्बाहुस्त्रिलोचना ।
करुणरससम्पूर्णा सच्चिदानन्दरूपिणी ॥

pāśāṅkuśavarābhīticaturbāhustrilocanā
karuṇarasasampūrṇā saccidānandarūpiṇī
Noose, curved sword, the mudrās granting boons and freedom from fear, She showed in Her four hands. She had

three eyes, filled completely with the sentiment of Compassion, the form of Truth, Consciousness, and Bliss.

\- 4 -

दृष्ट्वा तां सर्वजननीं तुष्टुवुर्मुनयोऽमलाः ।
नमस्ते विश्वरूपायै वैश्वानरसुमूर्तये ॥

dṛṣṭvā tāṃ sarvajananīṃ tuṣṭuvurmunayo-malāḥ
namaste viśvarūpāyai vaiśvānarasumūrtaye

Seeing Her, the Mother of All, the pure men of wisdom with great satisfaction said: "We bow down to the Form of the Universe, the Image of Universal Existence in the Gross Body.

\- 5 -

नमस्तेजसरूपायै सूत्रात्मवपुषे नमः ।
यस्मिन् सर्वे लिङ्गदेहा ओतप्रोता व्यवस्थिताः ॥

namastejasarūpāyai sūtrātmavapuṣe namaḥ
yasmin sarve liṅgadehā otaprotā vyavasthitāḥ

We bow down to the Form of Light, who exists all throughout the Subtle Body, we bow. In every Subtle Body you are situated inseparably interwoven.

\- 6 -

नमः प्राज्ञस्वरूपायै नमोऽव्याकृतमूर्तये ।
नमः प्रत्यक्स्वरूपायै नमस्ते ब्रह्ममूर्तये ॥

namaḥ prājñasvarūpāyai namo-vyākṛtamūrtaye
namaḥ pratyaksvarūpāyai namaste brahmamūrtaye

We bow to you in the Causal Body, we bow to the Image of Infinite Existence. We bow to the intrinsic nature of all, we bow to the Image of Supreme Divinity.

- 7 -

नमस्ते सर्वरूपायै सर्वलक्ष्यात्ममूर्तये ।

इति स्तुत्वा जगद्धात्रीं भक्तिगद्गदया गिरा ॥

namaste sarvarūpāyai sarvalakṣyātmamūrtaye
iti stutvā jagaddhātrīṃ bhaktigadgadayā girā

We bow to the Form of all, to the Image of the Soul of all Definitions." Thus praise was sung to the Mother of the Universe in a voice choked with devotion.

- 8 -

प्रणेमुश्चरणाम्भोजं दक्षाद्या मुनयोऽमलाः ।

ततः प्रसन्ना सा देवी प्रोवाच पिकभाषिणी ॥

praṇemuścaraṇāmbhojaṃ dakṣādyā munayo malāḥ
tataḥ prasannā sā devī provācapikabhāṣiṇī

Dakṣa and the other pure munis bowed down at Her lotus feet. Then the Goddess being pleased, spoke to them with a voice (as sweet as that of a) cuckoo.

- 9 -

वरं ब्रूत महाभागा वरदाऽहं सदा मता ।

तस्यास्तु वचनं श्रुत्वा हरविष्ण्वोस्तनोः शमम् ॥

varaṃ brūta mahābhāgā varadā-haṃ sadā matā
tasyāstu vacanaṃ śrutvā haraviṣṇvostanoḥ śamam

"Ask for a boon, oh Greatly Fortunate Ones. I am always ready to grant boons." Hearing these words from Her, they asked for peace for Hara (Śiva) and Viṣṇu,

- 10 -

तयोस्तच्छक्तिलाभं च वव्रिरे नृपसत्तम ।

दक्षोऽथ पुनरप्याह जन्म देवि कुले मम ॥

tayostacchaktilābhaṃ ca vavrire nṛpasattama
dakṣo-tha punarapyāha janma devi kule mama
and that they get their Śaktis again. Oh Truthful King, then Dakṣa prayed, "Oh Goddess, please take birth in my family.

- 11 -

भवेत् तवाऽम्ब येनाऽहं कृतकृत्यो भवे इति ।

जपं ध्यानं तथा पूजां स्थानानि विविधानि च ॥

bhavet tavāmba yenā-haṃ kṛtakṛtyo bhave iti
japaṃ dhyānaṃ tathā pūjāṃ sthānāni vividhāni ca
If You, the Divine Mother, would do so, then I will attain the reward of all actions. Recitation of mantras, meditation and worship, where and how should they be performed?

- 12 -

वद मे परमेशानि स्वमुखेनैव केवलम् ।

vada me parameśāni svamukhenaiva kevalam
Tell me, oh Supreme Lord, from your mouth only."

देव्युवाच

devyuvāca
The Goddess said:

मच्छक्त्योरवमानाच्च जाताऽवस्था तयोर्द्वयोः ॥

macchaktyoravamānācca jātāvasthā tayordvayoḥ
The disrespect shown to My Śaktis has given rise to the present circumstances of those two (Śiva and Viṣṇu).

- 13 -

नैतादृशः प्रकर्तव्यो मेऽपराधः कदाचन ।

अधुना मत्कृपालेशाच्छरीरे स्वस्थता तयोः ॥

naitādṛśaḥ prakartavyo me-parādhaḥ kadācana
adhunā matkṛpāleśāccharīre svasthatā tayoḥ

That kind of insult should never be shown to Me for any reason. Now, by My grace, their bodies will regain health.

- 14 -

भविष्यति च ते शक्ती त्वद्गृहे क्षीरसागरे ।

जनिष्यतस्तत्र ताभ्यां प्राप्स्यतः प्रेरिते मया ॥

bhaviṣyati ca te śaktī tvadgṛhe kṣīrasāgare
janiṣyatastatra tābhyāṃ prāpsyataḥ prerite mayā

Their Śaktis will manifest, one in your house (Dakṣa), and the other in the milk-ocean. They (Śiva and Viṣṇu) will understand that (this will happen) when they will feel the urge to chant My

- 15 -

मायाबीजं हि मन्त्रो मे मुख्यः प्रियकरः सदा ।

ध्यानं विराट्स्वरूपं मेऽथवा त्वत्पुरतः स्थितम् ॥

māyābījaṃ hi mantro me mukhyaḥ priyakaraḥ sadā
dhyānaṃ virāṭsvarūpaṃ me-thavā tvatpurataḥ sthitam

Māyā bīja mantra, Hrīṃ. This mantra is in Me and is always the foremost to give Me pleasure. Meditate upon the form of My Gross Body, or else upon its former position,

- 16 -

सच्चिदानन्दरूपं वा स्थानं सर्वं जगन्मम ।

युष्माभिः सर्वदा चाऽहं पूज्या ध्येया च सर्वदा ॥

saccidānandarūpaṃ vā sthānaṃ sarvaṃ jaganmama
yuṣmābhiḥ sarvadā cāhaṃ pūjyā dhyeyā ca sarvadā

as the form of Truth, Consciousness, and Bliss. All the places of the world are mine, and I am with you all the time. Therefore, you can worship and meditate at any time, in every place.

व्यास उवाच

vyāsa uvāca
Vyāsa said:

- 17 -

इत्युक्त्वाऽन्तर्दधे देवी मणिद्वीपाधिवासिनी ।
दक्षाद्या मुनयः सर्वे ब्रह्माणं पुनरराययुः ॥

ityuktvā-ntardadhe devī maṇidvīpādhivāsinī
dakṣādyā munayaḥ sarve brahmāṇaṃ punarāyayuḥ
Thus giving Her reply, the Goddess, who lives at the Island of Jewels, went within (became inperceivable). Dakṣa and the other munis again went to Brahmā.

- 18 -

ब्रह्मणे सर्ववृत्तान्तं कथयामासुरादरात् ।
हरो हरिश्च स्वस्थौ तौ स्वस्वकार्यक्षमौ नृप ॥

brahmaṇe sarvavṛttāntaṃ kathayāmāsurādarāt
haro hariśca svasthau tau svasvakāryakṣamau nṛpa
They all formed a circle near to Brahmā and respectfully explained what had transpired. Hara and Hari regained their health and their capacity to perform their functions. Oh King,

- 19 -

जातौ पराम्बाकृपया गर्वेण रहितौ तदा ।
कदाचिदथ काले तु महः शाक्तमवातरत् ॥

jātau parāmbākṛpayā garveṇa rahitau tadā
kadācidatha kāle tu mahaḥ śāktamavātarat

by the grace of the Supreme Mother, their pride was now absent. Then, at a specific time, the Great Energy became an Avātara (manifested in a physical body)

\- 20 -

दक्षगेहे महाराज त्रैलोक्येऽप्युत्सवोऽभवत् ।
देवाः प्रमुदिताः सर्वे पुष्पवृष्टिं च चक्रिरे ॥

dakṣagehe mahārāja trailokye-pyutsavo-bhavat
devāḥ pramuditāḥ sarve puṣpavṛṣṭiṃ ca cakrire

in the house of Dakṣa. Oh Great King, in the three worlds there began festivals of celebration. All the Gods were extremely delighted, and caused a rain of flowers.

\- 21 -

नेदुर्दुन्दुभयः स्वर्गे करकोणाहता नृप ।
मनांस्यासन् प्रसन्नानि साधूनाममलात्मनाम् ॥

nedurdundubhayaḥ svarge karakoṇāhatā nṛpa
manāṃsyāsan prasannāni sādhūnāmamalātmanām

The dundubhi drums resounded from heaven, using the hands as drumsticks. Oh King, the minds of all were delighted, and spiritual seekers held onto Her Name (kept it fixed in their meditations).

\- 22 -

सरितो मार्गवाहिन्यः सुप्रभोऽभूद्दिवाकरः ।
मङ्गलायां तु जातायां जातं सर्वत्र मङ्गलम् ॥

sarito mārgavāhinyaḥ suprabho-bhūddivākaraḥ
maṅgalāyāṃ tu jātāyāṃ jātaṃ sarvatra maṅgalam

The rivers flowed in their courses and the Sun shined with excellent lustre. When She Who is Welfare was born, Welfare everywhere was born.

- 23 -

तस्या नाम सतीं चक्रे सत्यत्वात् परसंविदः ।
ददौ पुनः शिवायाऽथ तस्य शक्तिस्तु याऽभवत् ॥

tasyā nāma satīṃ cakre satyatvāt parasaṃvidaḥ
dadau punaḥ śivāyātha tasya śaktistu yā-bhavat

Her name was given as Satī (the Cause of True Existence), because in the cycle of true existence, She is Beyond Universal Knowledge. Again She was given to Śiva as His Śakti.

- 24 -

सा पुनर्ज्वलने दग्धा दैवयोगान्मनोर्नृप ।

sā punarjvalane dagdhā daivayogānmanornṛpa

But again She burned Herself in a fire of divine union from within Her own mind, oh King.

जनमेजय उवाच

janamejaya uvāca

Janamejaya said:

अनर्थकरमेतत् ते श्रावितं वचनं मुने ॥

anarthakarametat te śrāvitaṃ vacanaṃ mune

"O Muni, these words that you have told me are extremely inauspicious.

- 25 -

एतादृशं महद्वस्तु कथं दग्धं हुताशने ।
यन्नामस्मरणान्नॄणां संसाराग्निभयं न हि ॥

etādṛśaṃ mahadvastu kathaṃ dagdhaṃ hutāśane
yannāmasmaraṇānnṝṇāṃ saṃsārāgnibhayaṃ na hi

Am I hearing (correctly) that such a great being burned Herself in a fire, remembering whose name even human beings will not fear the fire of Saṃsāra (the world of objects and relationships)?

- 26 -

केन कर्मविपाकेन मनोर्दग्धं तदेव हि ।

kena karmavipākena manordagdhaṃ tadeva hi

For what action did She burn Herself in the fire of Her own Mind?"

व्यास उवाच

vyāsa uvāca

Vyāsa said:

शृणु राजन् पुरावृत्तं सतीदाहस्य कारणम् ॥

śṛṇu rājan purāvṛttaṃ satīdāhasya kāraṇam

Listen, oh King, to this ancient occurrence, the cause of the burning of Satī.

- 27 -

कदाचिदथ दुर्वासा गतो जाम्बूनदेश्वरीम् ।
ददर्श देवीं तत्राऽसौ मायाबीजं जजाप सः ॥

kadācidatha durvāsā gato jāmbūnadeśvarīm
dadarśa devīṃ tatrāsau māyābījaṃ jajāpa saḥ

Once upon a time, Durvāsā (a famous Ṛṣi) went to the Queen of Rivers, Jāmbū. There he saw the Goddess and began to recite the Māyā bīja, Hrīṃ.

- 28 -

ततः प्रसन्ना देवेशी निजकण्ठगतां स्रजम् ।

भ्रमद्भ्रमरसंसक्तां मकरन्दमदाकुलाम् ॥

tataḥ prasannā deveśī nijakaṇṭhagatāṃ srajam
bhramadbhramarasaṃsaktāṃ makarandamadākulām

Then the Supreme of the Gods became very pleased, and took from Her own neck a garland of flowers. Bees, intoxicated with the scent of Jasmine, were swarming around.

- 29 -

ददौ प्रसादभूतां तां जग्राह शिरसा मुनिः ।

ततो निर्गत्य तरसा व्योममार्गेण तापसः ॥

dadau prasādabhūtāṃ tāṃ jagrāha śirasā muniḥ
tato nirgatya tarasā vyomamārgeṇa tāpasaḥ

She gave it to him (Durvāsā) as prasāda (a gift to the worshipper from the worshipped), which the Muni took upon his head. Then he returned, passing through the atmosphere by means of his (spiritual powers attained through) purifying austerities.

- 30 -

आजगाम स यत्राऽऽस्ते दक्षः साक्षात् सतीपिता ।

सन्दर्शनार्थमम्बाया ननाम च सतीपदे ॥

ājagāma sa yatrā--ste dakṣaḥ sākṣāt satīpitā
sandarśanārthamambāyā nanāma ca satīpade

He came to where Dakṣa was staying, who was actually the father of Satī, and seeing the Divine Mother, he bowed down to the feet of Satī.

- 31 -

पृष्टो दक्षेण स मुनिर्माला कस्यास्त्यलौकिकी ।
कथं लब्धा त्वया नाथ दुर्लभा भुवि मानवैः ॥

pṛṣṭo dakṣeṇa sa munirmālā kasyāstyalaukikī
katham labdhā tvayā nātha durlabhā bhuvi mānavaiḥ

Dakṣa asked about the Muni's garland, "Whose is this extraordinary garland? Tell me how you got this, oh Great One, which is difficult of attainment by humans."

- 32 -

तच्छ्रुत्वा वचनं तस्य प्रोवाचाश्रुयुतेक्षणः ।
देव्याः प्रसादमतुलं प्रेमगद्गदितान्तरः ॥

tacchrutvā vacanaṃ tasya provācāśruyutekṣaṇaḥ
devyāḥ prasādamatulaṃ premagadgaditāntaraḥ

Listening to that question of his, he (Durvāsā) replied with tears in his eyes and love in his heart, "It is the prasāda of the Goddess."

- 33 -

प्रार्थयामास तां मालां तं मुनिं स सतीपिता ।
अदेयं शक्तिभक्ताय नास्ति त्रैलोक्यमण्डले ॥

prārthayāmāsa tāṃ mālāṃ taṃ muniṃ sa satīpitā
adeyaṃ śaktibhaktāya nāsti trailokyamaṇḍale

The father of Satī asked the Muni for the garland. (The Muni thought) that there is nothing unfit in the regions of the three worlds to give to a devotee of Divine Energy.

- 34 -

इति बुद्ध्या तु तां मालां मनवे स समर्पयत् ।
गृहीता शिरसा माला मनुना निजमन्दिरे ॥

iti buddhyā tu tāṃ mālāṃ manave sa samarpayat
gṛhītā śirasā mālā manunā nijamandire

With this understanding, he gave that desired garland to Dakṣa, who accepted the garland on his head, and went to his own temple.

- 35 -

स्थापिता शयनं यत्र दम्पत्योरतिसुन्दरम् ।
पशुकर्मरतो रात्रौ मालागन्धेन मोदितः ॥

sthāpitā śayanaṃ yatra dampatyoratisundaram
paśukarmarato rātrau mālāgandhena moditaḥ

He put it there near the bed of the Lord of the House (himself) and his beautiful lady. Being intoxicated by the fragrance of the garland, he engaged in animal behavior during the night.

- 36 -

अभवत् स महीपालस्तेन पापेन शङ्करे ।
शिवे द्वेषमतिर्जातो देव्यां सत्यां तथा नृप ॥

abhavat sa mahīpālastena pāpena śaṅkare
śive dveṣamatirjāto devyāṃ satyāṃ tathā nṛpa

Mistakenly, he (thought) that his (own) sin was the blame of Śaṅkara, the Protector of the Earth. Thus his enmity with the benevolent Śiva and the Goddess Satī was born.

- 37 -

राजंस्तेनापराधेन तज्जन्यो देह एव च ।
सत्या योगाग्निना दग्धः सतीधर्मदिदृक्षया ॥

rājaṃstenāparādhena tajjanyo deha eva ca
satyā yogāgninā dagdhaḥ satīdharmadidṛkṣayā

Oh King, because of that fault, She (Satī) burned Her body born of Dakṣa in the fire of Yoga, for the purpose of showing the Ideal of true wifely devotion.

- 38 -

पुनश्च हिमवत्पृष्ठे प्रादुरासीत्तु तन्महः ।

punaśca himavatpṛṣṭhe prādurāsīttu tanmahaḥ
Again, because of Himālaya's desire, She manifested Her great body from the Imperceivable.

जनमेजय उवाच

janamejaya uvāca
Janamejaya said:

दह्यमाने सतीदेहे जाते किमकरोच्छिवः ॥

dahyamāne satīdehe jāte kimakarocchivaḥ
"After the burning of the body of Satī, what did Śiva do?

- 39 -

प्राणाधिका सती तस्य तद्वियोगेन कातरः ।

prāṇādhikā satī tasya tadviyogena kātaraḥ
When separated from His own beloved Satī, what did He do?"

व्यास उवाच

vyāsa uvāca
Vyāsa said:

ततः परं तु यज्ज्ञातं मया वक्तुं न शक्यते ॥

tataḥ paraṃ tu yajjātaṃ mayā vaktuṃ na śakyate
My speech has no capacity to tell what happened beyond that.

- 40 -

त्रैलोक्यप्रलयो जातः शिवकोपाग्निना नृप ।

वीरभद्रः समुत्पन्नो भद्रकालीगणान्वितः ॥

trailokyapralayo jātaḥ śivakopāgninā nṛpa
vīrabhadraḥ samutpanno bhadrakālīgaṇānvitaḥ

The dissolution of the three worlds began from the fire of anger from Śiva, oh King. Vīrabhadra was born, as well as Bhadrakālī with Her multitudes.

- 41 -

त्रैलोक्यनाशनोद्युक्तो वीरभद्रो यदाऽभवत् ।

ब्रह्मादयस्तदा देवाः शङ्करं शरणं ययुः ॥

trailokyanāśanodyukto vīrabhadro yadābhavat
brahmādayastadā devāḥ śaṅkaraṃ śaraṇaṃ yayuḥ

Vīrabhadra was capable of destroying the three worlds, to (make) non-existence. Then Brahmā and the Gods went to take refuge in Śaṅkara's compassion.

- 42 -

जाते सर्वस्वनाशेऽपि करुणानिधिरीश्वरः ।

अभयं दत्तवांस्तेभ्यो बस्तवक्त्रेण तं मनुम् ॥

jāte sarvasvanāśepi karuṇānidhirīśvaraḥ
abhayaṃ dattavāṃstebhyo bastavaktreṇa taṃ manum

Even though all His own was destroyed, the compassion of the Supreme Lord was not. He granted them freedom from fear, and the head of a goat was put on the man (Dakṣa),

- 43 -

अजीवयन्महात्माऽसौ ततः खिन्नो महेश्वरः ।

यज्ञवाटमुपागम्य रुरोद भृशदुःखितः ॥

ajīvayanmahātmā-sau tataḥ khinno maheśvaraḥ
yajñavāṭamupāgamya ruroda bhṛśaduḥkhitaḥ

restoring that great soul from death. Then in much distress the Great Lord of All went to the sacrificial area and cried in great pain.

\- 44 -

अपश्यत् तां सतीं वह्नौ दह्यमानां तु चित्कलाम् ।
स्कन्धेऽप्यारोपयामास हा सतीति वदन्मुहुः ॥

apaśyat tāṃ satīṃ vahnau dahyamānāṃ tu citkalām
skandhe-pyāropayāmāsa hā satīti vadanmuhuḥ

Not seeing His Satī, who had been burned in the fire of Consciousness, He put (the body) upon His shoulders, and cried, "Oh, my Satī! Oh, my Satī!" again and again.

\- 45 -

बभ्राम भ्रान्तचित्तः सन् नानादेशेषु शङ्करः ।
तदा ब्रह्मादयो देवाश्चिन्तामापुरनुत्तमाम् ॥

babhrāma bhrāntacittaḥ san nānādeśeṣu śaṅkaraḥ
tadā brahmādayo devāścintāmāpuranuttamām

With a confused consciousness, Śaṅkara roamed in countries with many names. Then the Gods became extremely anxious, and the compassionate Brahmā (requested)

\- 46 -

विष्णुस्तु त्वरया तत्र धनुरुद्यम्य मार्गणैः ।
चिच्छेदाऽवयवान् सत्यास्तत्तत्स्थानेषु तेऽपतन् ॥

viṣṇustu tvarayā tatra dhanurudyamya mārgaṇaiḥ
cicchedā-vayavān satyāstattatsthāneṣu te-patan

Viṣṇu to quickly lift up His bow. With His arrows, He cut the body of Satī into pieces, letting them fall in different places.

- 47 -

तत्तत्स्थानेषु तत्राऽऽसीन्नानामूर्तिधरो हरः ।
उवाच च ततो देवान् स्थानेष्वेतेषु ये शिवाम् ॥

tattatsthāneṣu tatrā--sīnnānāmūrtidharo haraḥ
uvāca ca tato devān sthāneṣveteṣu ye śivām

In which ever place a piece fell, Hara (Śiva) observed Her Being in a different form. Then He told the Gods, "In all these places of Śivā (meaning Satī),

- 48 -

भजन्ति परया भक्त्या तेषां किञ्चिन्न दुर्लभम् ।
नित्यं सन्निहिता तत्र निजाङ्गेषु पराम्बिका ॥

bhajanti parayā bhaktyā teṣāṃ kiñcinna durlabham
nityaṃ sannihitā tatra nijāṅgeṣu parāmbikā

whoever worships with supreme devotion, for them nothing will be difficult of attainment. There the Supreme Mother will eternally remain united with the part of Her body.

- 49 -

स्थानेष्वेतेषु ये मर्त्याः पुरश्चरणकर्मिणः ।
तेषां मन्त्राः प्रसिध्यन्ति मायाबीजं विशेषतः ॥

sthāneṣveteṣu ye martyāḥ puraścaraṇakarmiṇaḥ
teṣāṃ mantrāḥ prasidhyanti māyābījaṃ viśeṣataḥ

The mortal beings who make an offering of fire sacrifice in these places, for them the mantras will be successful, especially the Māyā bīja, Hrīṃ."

- 50 -

इत्युक्त्वा शङ्करस्तेषु स्थानेषु विरहातुरः ।
कालं निन्ये नृपश्रेष्ठ जप-ध्यान-समाधिभिः ॥

ityuktvā śaṅkarasteṣu sthāneṣu virahāturaḥ
kālaṃ ninye nṛpaśreṣṭha japa-dhyāna-samādhibhiḥ
After thus speaking, Śaṅkara, with the pain of separation, stayed in those places. His time, oh Excellent King, was devoted to recitation of mantras, meditation and Pure Intuitive Consciousness, Samādhi.

जनमेजय उवाच

janamejaya uvāca
Janamejaya said:

- 51 -

कानि स्थानानि तानि स्युः सिद्धपीठानि चानघ ।
कति सङ्ख्यानि नामानि कानि तेषां च मे वद ॥

kāni sthānāni tāni syuḥ siddhapīṭhāni cānagha
kati saṅkhyāni nāmāni kāni teṣāṃ ca me vada
In what places and locations did the various parts of the Goddess Satī fall? Please tell me how many is the number of these Siddhapīṭhas, pilgrimage places of perfection, and what are their names?

- 52 -

तत्र स्थितानां देवीनां नामानि च कृपाकर ।
कृतार्थोऽहं भवे येन तद्वदाशु महामुने ॥

tatra sthitānāṃ devīnāṃ nāmāni ca kṛpākara
kṛtārtho-haṃ bhave yena tadvadāśu mahāmune
Oh Great Man of Wisdom, if you would describe the names and places where the Goddess grants Her Grace, I will consider it the greatest blessing.

व्यास उवाच

vyāsa uvāca
Vyāsa said:

- 53 -

श्रृणु राजन् प्रवक्ष्यामि देवीपीठानि साम्प्रतम् ।
येषां श्रवणमात्रेण पापहीनो भवेन्नरः ॥

śṛṇu rājan pravakṣyāmi devīpīṭhāni sāmpratam
yeṣāṃ śravaṇamātreṇa pāpahīno bhavennaraḥ

Listen, oh King, as I describe the sacred places of pilgrimage of the Goddess, the mere hearing of which destroys the sins of men.

- 54 -

येषु येषु च पीठेषूपास्येयं सिद्धिकाङ्क्षिभिः ।
भूतिकामैरभिध्येया तानि वक्ष्यामि तत्त्वतः ॥

yeṣu yeṣu ca pīṭheṣūpāsyeyaṃ siddhikāṅkṣibhiḥ
bhūtikāmairabhidhyeyā tāni vakṣyāmi tattvataḥ

I describe those places where the Goddess may be worshipped and meditated upon for the attainment of the wealth of perfection and fulfillment of the desires of existence.

- 55 -

वाराणस्यां विशालाक्षी गौरीमुखनिवासिनी ।
क्षेत्रे वै नैमिषारण्ये प्रोक्ता सा लिङ्गधारिणी ॥

vārāṇasyāṃ viśālākṣī gaurīmukhanivāsinī
kṣetre vai naimiṣāraṇye proktā sā liṅgadhāriṇī

The face of Gaurī dwells in Vārāṇasi known by the name of Viśālākṣī, the Goal of the Universe. In the field of Naimiṣāraṇya She is known by the name of Liṅgadhāriṇī, She Who Supports the Subtle Body.

- 56 -

प्रयागे ललिता प्रोक्ता कामुकी गन्धमादने ।
मानसे कुमुदा प्रोक्ता दक्षिणे चोत्तरे तथा ॥

prayāge lalitā proktā kāmukī gandhamādane
mānase kumudā proktā dakṣiṇe cottare tathā

This Mahā Māyā is known in Prayāga, Allahabad, by the name of Lalitā, the Beloved. In the Gandhamādana, She is known by the name of Kāmukī, She Who Manifests Desires. In the southern Mānasa, by Kumudā, and in the northern Mānasa,

- 57 -

विश्वकामा भगवती विश्वकामप्रपूरणी ।
गोमन्ते गोमती देवी मन्दरे कामचारिणी ॥

viśvakāmā bhagavatī viśvakāmaprapūraṇī
gomante gomatī devī mandare kāmacāriṇī

by Viśvakāmā, all desires of the Universe, the Supreme Goddess of Fulfillment. In Gomanta, She is known by the name of Goddess Gomatī, She Who Manifests Light, and on the mountain of Mandara, She is known by the name of Kāmacāriṇī, She Who Moves in Desire.

- 58 -

मदोत्कटा चैत्ररथे जयन्ती हस्तिनापुरे ।
गौरी प्रोक्ता कान्यकुब्जे रम्भा तु मलयाचले ॥

madotkaṭā caitrarathe jayantī hastināpure
gaurī proktā kānyakubje rambhā tu malayācale

In Caitraratha, She is known by the name of Madotkaṭā, and in Hastināpura, by Jayantī, She Who is Always Victorious. In Kānyakubja She is known by the name of Gaurī, She Who is Rays of Light, and in the Malaya Mountain, by Rambhā, the Manifestation of Beauty.

- 59 -

एकाम्रपीठे सम्प्रोक्ता देवी सा कीर्तिमत्यपि ।

विश्वे विश्वेश्वरीं प्राहुः पुरुहूतां च पुष्करे ॥

ekāmrapīṭhe samproktā devī sā kīrtimatyapi
viśve viśveśvarīṃ prāhuḥ puruhūtāṃ ca puṣkare

In Ekāmrapīṭha, She is known as Kīrtimatī, the Mother of Fame. In Viśva, by the name of Viśveśvarī, the Supreme Ruler of the Universe. In Puṣkara, She is known by the name of Puruhūtā, the Full and Complete Offering.

- 60 -

केदारपीठे सम्प्रोक्ता देवी सन्मार्गदायिनी ।

मन्दा हिमवतः पृष्ठे गोकर्णे भद्रकर्णिका ॥

kedārapīṭhe samproktā devī sanmārgadāyinī
mandā himavataḥ pṛṣṭhe gokarṇe bhadrakarṇikā

She is known as Sanmārga Dāyinī in the Kedāra Pīṭha, Giver of the Path of Excellence. She is known as Mandā, on the top of the Himālayas, and as Bhadrakarṇikā, She who has Excellent Ears, in Gokarṇa.

- 61 -

स्थानेश्वरी भवानी तु बिल्वके बिल्वपत्रिका ।

श्रीशैले माधवी प्रोक्ता भद्रा भद्रेश्वरे तथा ॥

sthāneśvarī bhavānī tu bilvake bilvapatrikā
śrīśaile mādhavī proktā bhadrā bhadreśvare tathā

She is known as Bhavānī, the Goddess of Existence, in Sthaneśvara, and as Bilvapatrikā, the leaf of the Bilva tree, in Bilvake. She is known as Mādhavī in Śrīśaila, and as Bhadrā, Excellence, in Bhadreśvara.

- 62 -

वराहशैले तु जया कमला कमलालये ।
रुद्राणी रुद्रकोट्यां तु काली कालञ्जरे तथा ॥

varāhaśaile tu jayā kamalā kamalālaye
rudrāṇī rudrakoṭyāṃ tu kālī kālañjare tathā

She is known as Jayā, Victory, in Varāha Śaila, and as Kamalā, the Lotus One, in Kamalāya. She is known as Rudrāṇī in Rudra Koṭī, and as Kālī in Kālañjara.

- 63 -

शालग्रामे महादेवी शिवलिङ्गे जलप्रिया ।
महालिङ्गे तु कपिला माकोटे मुकुटेश्वरी ॥

śālagrāme mahādevī śivaliṅge jalapriyā
mahāliṅge tu kapilā mākoṭe mukuṭeśvarī

She is known as Mahā Devī, the Great Goddess, in Śālagrāma, and as Jalapriyā, Beloved of Water, on the Śivaliṅgam. She is known as Kapilā in Mahāliṅga, and as Mukuteśvarī in Mākoṭa.

- 64 -

मायापुर्यां कुमारी स्यात् सन्ताने ललिताम्बिका ।
गयायां मङ्गला प्रोक्ता विमला पुरुषोत्तमे ॥

māyāpuryāṃ kumārī syāt santāne lalitāmbikā
gayāyāṃ maṅgalā proktā vimalā puruṣottame

She is known as Kumārī, the Ever Pure One, in Māyāpura, and in Santāna as Lalitāmbikā, the Beloved Mother. She is known as Maṅgalā in Gayā, and as Vimalā, Purity, in Puruṣottama.

- 65 -

उत्पलाक्षी सहस्राक्षे हिरण्याक्षे महोत्पला ।
विपाशायाममोघाक्षी पाटला पुण्ड्रवर्धने ॥

utpalākṣī sahasrākṣe hiraṇyākṣe mahotpalā
vipāśāyāmamoghākṣī pāṭalā puṇḍravardhane

She is known as Utpalākṣī, the Highest Goal, in Sahasrākṣa, and as Mahotpalā, the Great Protector, in Hiraṇyākṣa. She is known as Amoghākṣī, Unfailing Vision, in the Vipāśā River, and as Pāṭalā in Puṇḍravardhana.

- 66 -

नारायणी सुपार्श्वे तु त्रिकूटे रुद्रसुन्दरी ।
विपुले विपुला देवी कल्याणी मलयाचले ॥

nārāyaṇī supārśve tu trikūṭe rudrasundarī
vipule vipulā devī kalyāṇī malayācale

She is known as Nārāyaṇī in Supārśva, and as Rudra Sundarī, She Who is Terrifyingly Beautiful, in Trikūṭa. She is Vipulā Devi in Vipula, and Kalyāṇī, Goddess of Welfare, in Malayācala.

- 67 -

सह्याद्रावेकवीरा तु हरिश्चन्द्रे तु चन्द्रिका ।
रमणा रामतीर्थे तु यमुनायां मृगावती ॥

sahyādrāvekavīrā tu hariścandre tu candrikā
ramaṇā rāmatīrthe tu yamunāyāṃ mṛgāvatī

She is known as Ekavīrā in Sahyādri, and as Candrikā in Hariścandra. She is known as Ramaṇā in Rāma Tīrtha, and as Mṛgāvatī in the Yamunā.

- 68 -

कोटवी कोटतीर्थे तु सुगन्धा माधवे वने ।
गोदावर्यां त्रिसन्ध्या तु गङ्गाद्वारे रतिप्रिया ॥

koṭavī koṭatīrthe tu sugandhā mādhave vane
godāvaryāṃ trisandhyā tu gaṅgādvāre ratipriyā

She is known as Koṭavī in Koṭatīrtha, and as Sugandhā, Excellent Scent, in Mādhava Forest. She is known as Trisandhyā, the Three Times of Prayer, in the Godāvarī, and as Ratipriyā, the Beloved of Spring, in Gaṅgādvāra.

- 69 -

शिवकुण्डे शुभानन्दा नन्दिनी देविकातटे ।
रुक्मिणी द्वारवत्यां तु राधा वृन्दावने वने ॥

śivakuṇḍe śubhānandā nandinī devikātaṭe
rukmiṇī dvāravatyāṃ tu rādhā vṛndāvane vane

She is known as Subhānandā, Pure Bliss, in Śiva Kuṇḍa, and as Nandinī, Delight, in Devikātaṭa. She is known as Rukmiṇī in Dvāravatī, and as Rādhā in the forests of Vṛndāvana.

- 70 -

देवकी मथुरायां तु पाताले परमेश्वरी ।
चित्रकूटे तथा सीता विन्ध्ये विन्ध्याधिवासिनी ॥

devakī mathurāyāṃ tu pātāle parameśvarī
citrakūṭe tathā sītā vindhye vindhyādhivāsinī

She is known as Devakī in Mathurā, and as Parameśvarī in Pātāla. She is known as Sītā in Citrakūṭa. She is known as Vindhyādhivāsinī, She Who Resides in Knowledge, in the Vindhya range of Mountains.

- 71 -

करवीरे महालक्ष्मीरुमादेवी विनायके ।
आरोग्या वैद्यनाथे तु महाकाले महेश्वरी ॥

karavīre mahālakṣmīrumādevī vināyake
ārogyā vaidyanāthe tu mahākāle maheśvarī

She is known as Mahālakṣmī in the sacred place of Karavīra, and as Umā Devī in Vināyaka. She is known as Ārogyā, Free from Disease, in Vaidyanātha, and as Maheśvarī in Mahākāla.

- 72 -

अभयेत्युष्णतीर्थेषु नितम्बा विन्ध्यपर्वते ।
माण्डव्ये माण्डवी नाम स्वाहा माहेश्वरीपुरे ॥

abhayetyuṣṇatīrtheṣu nitambā vindhyaparvate
māṇḍavye māṇḍavī nāma svāhā māheśvarīpure

She is known as Abhayā, Free from Fear, in Uṣṇatīrtha, and as Nitambā in the Vindhya Mountain. She is known as Māṇḍavī in Māṇḍavya, and as Svāhā in Māheśvarīpura.

- 73 -

छगलण्डे प्रचण्डा तु चण्डिकाऽमरकण्टके ।
सोमेश्वरे वरारोहा प्रभासे पुष्करावती ॥

chagalaṇḍe pracaṇḍā tu caṇḍikā-marakaṇṭake
someśvare varārohā prabhāse puṣkarāvatī

She is known as Pracaṇḍā in Chagalaṇḍa, and as Caṇḍikā in Amarakaṇṭaka. She is known as Varārohā in Someśvara, and as Puṣkarāvatī in Prabhāsa.

- 74 -

देवमाता सरस्वत्यां पारावारा तटे स्मृता ।
महालये महाभागा पयोष्ण्यां पिङ्गलेश्वरी ॥

devamātā sarasvatyāṃ pārāvārā taṭe smṛtā
mahālaye mahābhāgā payoṣṇyāṃ piṅgaleśvarī

She is known as Devamātā in the Sarasvatī River, and is remembered as Pārāvārā on the banks. She is known as Mahābhāgā in Mahālaya, and as Piṅgaleśvarī in Payoṣṇī.

- 75 -

सिंहिका कृतशौचे तु कार्तिके त्वतिशाङ्करी ।
उत्पलावर्तके लोला सुभद्रा शोणसङ्गमे ॥

siṃhikā kṛtaśauce tu kārtike tvatiśāṅkarī
utpalāvartake lolā subhadrā śoṇasaṅgame

She is known as Siṃhikā in Kṛtasauca, and as Atisāṅkarī in Kārtika. She is known as Lolā in Utpalāvartaka, and as Subhadrā in Soṇa Saṅgama.

- 76 -

माता सिद्धवने लक्ष्मीरनङ्गा भरताश्रमे ।
जालन्धरे विश्वमुखी तारा किष्किन्धपर्वते ॥

mātā siddhavane lakṣmīranaṅgā bharatāśrame
jālandhare viśvamukhī tārā kiṣkindhaparvate

She is known as the Mother Lakṣmī in Siddha Vana, in the forest of the attained ones, and as Anaṅgā in Bharatāśrama. She is known as Viśvamukhī in Jālandhara, and as Tārā in the Kiṣkindha Mountains.

- 77 -

देवदारुवने पुष्टिर्मेधा काश्मीरमण्डले ।
भीमा देवी हिमाद्रौ तु तुष्टिर्विश्वेश्वरी तथा ॥

devadāruvane puṣṭirmedhā kāśmīramaṇḍale
bhīmā devī himādrau tu tuṣṭirviśveśvarī tathā

She is known as Puṣṭi in the forests of Devadāru, and as Medhā in the regions of Kāśmīra. She is known as Bhīmā in Himādri, and also as Tuṣṭi and Viśveśvarī.

- 78 -

कपालमोचने शुद्धिर्माता कायावरोहणे ।
शङ्खोद्धारे धरा नाम धृतिःपिण्डारके तथा ॥

kapālamocane śuddhirmātā kāyāvarohaṇe
śaṅkhoddhāre dharā nāma dhṛtiḥ piṇḍārake tathā

She is known as Suddhi in Kapālamocana, and as Mātā in Kāyāvarohaṇa. She is known as Dharā in Saṅkhoddhāra, and as Dhṛti in Piṇḍāraka.

- 79 -

कला तु चन्द्रभागायामच्छोदे शिवधारिणी ।
वेणायाममृता नाम बदर्यामुर्वशी तथा ॥

kalā tu candrabhāgāyāmacchode śivadhāriṇī
veṇāyāmamṛtā nāma badaryāmurvaśī tathā

She is known as Kalā in the Candrabhāgā River, and as Śivadhāriṇī in Acchoda. She is known by the name of Amṛtā, the Nectar of Bliss, in Veṇā, and as Urvaśī in Badarī.

- 80 -

औषधिश्चोत्तरकुरौ कुशद्वीपे कुशोदका ।
मन्मथा हेमकूटे तु कुमुदे सत्यवादिनी ॥

auṣadhiścottarakurau kuśadvīpe kuśodakā
manmathā hemakūṭe tu kumude satyavādinī

She is known as Vegetation (also Medicines) in Uttara Kuru, and as Kuśodakā in Kuśadvīpa. She is known as Manmathā in Hemakūṭa, and as Satyavādinī in Kumuda.

- 81 -

अश्वत्थे वन्दनीया तु निधिर्वैश्रवणालये ।
गायत्री वेदवदने पार्वती शिवसन्निधौ ॥

aśvatthe vandanīyā tu nidhirvaiśravaṇālaye
gāyatrī vedavadane pārvatī śivasannidhau

She is known as Vandanīyā in Aśvattha, and as Nidhi in the Vaiśravaṇālaya. She is known as Gāyatrī in the mouth of the Vedas, and as Pārvatī who is always near to Śiva.

- 82 -

देवलोके तथेन्द्राणी ब्रह्मास्येषु सरस्वती ।
सूर्यबिम्बे प्रभा नाम मातृणां वैष्णवी मता ॥

devaloke tathendrāṇī brahmāsyeṣu sarasvatī
sūryabimbe prabhā nāma mātṝṇāṃ vaiṣṇavī matā

She is known as Indrāṇī in the Realms of the Gods, and as Sarasvatī in the faces of Brahmā. She is known as Prabhā, Lustre, in the Sun, and as Vaiṣṇavī among the Matṛkās.

- 83 -

अरुन्धती सतीनां तु रामासु च तिलोत्तमा ।
चित्ते ब्रह्मकला नाम शक्तिः सर्वशरीरिणाम् ॥

arundhatī satīnāṃ tu rāmāsu ca tilottamā
citte brahmakalā nāma śaktiḥ sarvaśarīriṇām

She is celebrated as Arundhatī amongst the Satīs, the chaste women, and as Tilottamā among the beautiful. This Śakti has various names in all divine aspects in which it becomes embodied.

- 84 -

इमान्यष्टशतानि स्युः पीठानि जनमेजय ।
तत्सङ्ख्याकास्तदीशान्यो देव्यश्च परिकीर्तिताः ॥

imānyaṣṭaśatāni syuḥ pīṭhāni janamejaya
tatsaṅkhyākāstadīśānyo devyaśca parikīrtitāḥ

Oh Janamejaya! Thus I have narrated to you the one hundred and eight śakti pīṭhas (sacred places or seats of the Deity) along with the names of the Goddess in each place.

- 85 -

सतीदेव्यङ्गभूतानि पीठानि कथितानि च ।
अन्यान्यपि प्रसङ्गेन यानि मुख्यानि भूतले ॥

satīdevyaṅgabhūtāni pīṭhāni kathitāni ca
anyānyapi prasaṅgena yāni mukhyāni bhūtale

All the parts of the body of the Goddess Satī have been expressed as the various places of pilgrimage, the number of which are the most excellent and foremost on the earth.

- 86 -

यः स्मरेच्छृणुयाद्वाऽपि नामाष्टशतमुत्तमम् ।
सर्वपापविनिर्मुक्तो देवीलोकं परं व्रजेत् ॥

yaḥ smarecchṛṇuyādvā-pi nāmāṣṭaśatamuttamam
sarvapāpavinirmukto devīlokaṃ paraṃ vrajet

Whoever remembers or hears these excellent one hundred and eight names of the Goddess as well as of Her places of pilgrimage, will be liberated from all sins and will go to the realms of the Goddess.

- 87 -

एतेषु सर्वपीठेषु गच्छेद्यात्राविधानतः ।
संतर्पयेच्च पित्रादीञ्छ्राद्धादीनि विधाय च ॥

eteṣu sarvapīṭheṣu gacchedyātrāvidhānataḥ
saṃtarpayecca pitrādīñchrāddhādīni vidhāya ca

Whoever goes in pilgrimage to all of these sacred places, and after bathing, makes offerings to his ancestors and memorial ceremonies in their honor,

- 88 -

कुर्याच्च महतीं पूजां भगवत्या विधानतः ।
क्षमापयेज्जगद्धात्रीं जगदम्बां मुहुर्मुहुः ॥

kuryācca mahatīṃ pūjāṃ bhagavatyā vidhānataḥ
kṣamāpayejjagaddhātrīṃ jagadambāṃ muhurmuhuḥ

and with great devotion worships the Supreme Goddess, the Divine Mother, and again and again begs forgiveness from the Mother of the Universe;

- 89 -

कृतकृत्यं स्वमात्मानं जानीयाज्जनमेजय ।
भक्ष्यभोज्यादिभिः सर्वान् ब्राह्मणान् भोजयेत् ततः ॥

kṛtakṛtyaṃ svamātmānaṃ jānīyājjanamejaya
bhakṣyabhojyādibhiḥ sarvān brāhmaṇān bhojayet tataḥ

oh Janamejaya, his soul becomes his own (his heart gets purified) and he is blessed. He should feed the Brahmins, and make all customary offerings to them.

- 90 -

सुवासिनीः कुमारीश्च वटुकादींस्तथा नृप ।
तस्मिन् क्षेत्रे स्थिता ये तु चाण्डालाद्या अपि प्रभो ॥

suvāsinīḥ kumārīśca vaṭukādīṃstathā nṛpa
tasmin kṣetre sthitā ye tu cāṇḍālādyā api prabho

Oh King, he should worship well dressed virgins (Kumārīs) and Vaṭukas, young boys, of the locality. All beings of any tribes, even if they be Cāṇḍālas, are to be respected.

- 91 -

देवीरूपाः स्मृताः सर्वे पूजनीयास्ततो हि ते ।
प्रतिग्रहादिकं सर्वं तेषु क्षेत्रेषु वर्जयेत् ॥

devīrūpāḥ smṛtāḥ sarve pūjanīyāstato hi te
pratigrahādikaṃ sarvaṃ teṣu kṣetreṣu varjayet

Remember, as the form of the Goddess is in all, so all beings are to be worshipped. All priestly fees and solicitations of donations are prohibited in any of these pilgrimage places of the Goddess.

- 92 -

यथाशक्ति पुरश्चर्यां कुर्यान्मन्त्रस्य सत्तमः ।
मायाबीजेन देवेशीं तत्तत्पीठाधिवासिनीम् ॥

yathāśakti puraścaryāṃ kuryānmantrasya sattamaḥ
māyābījena deveśīṃ tattatpīṭhādhivāsinīm

True seekers should make Puraścaraṇa, Homa offerings to the sacred fire, according to their capacity, and should make japa of the bīja mantra of Māyā, Hrīṃ, of the Supreme Goddess, and of the divine residents of the various places of pilgrimage.

- 93 -

पूजयेदनिशं राजन् पुरश्चरणकृद्भवेत् ।
वित्तशाठ्यं न कुर्वीत देवीभक्तिपरो नरः ॥

pūjayedaniśaṃ rājan puraścaraṇakṛdbhavet
vittaśāṭhyaṃ na kurvīta devībhaktiparo naraḥ

Oh King, a man should make worship and homa with the highest devotion to the Goddess and should not exhibit miserliness.

- 94 -

य एवं कुरुते यात्रां श्रीदेव्याः प्रीतमानसः ।
सहस्रकल्पपर्यन्तं ब्रह्मलोके महत्तरे ॥

ya evaṃ kurute yātrāṃ śrīdevyāḥ prītamānasaḥ
sahasrakalpaparyantaṃ brahmaloke mahattare

Whoever goes in pilgrimage to these sacred places, with a pious mind filled with love for the Goddess, for one thousand kalpas of time, in the highest realms of divinity (Brahma Loka),

- 94 -

वसन्ति पितरस्तस्य सोऽपि देवीपुरे तथा ।
अन्ते लब्ध्वा परं ज्ञानं भवेन्मुक्तो भवाम्बुधेः ॥

vasanti pitarastasya so-pi devīpure tathā
ante labdhvā paraṃ jñānaṃ bhavenmukto bhavāmbudheḥ

his ancestors will reside, and he will stay in the place of the Goddess. Ultimately, pilgrims will attain the highest wisdom, which conveys liberation from the bonds of existence and the highest intellect.

- 96 -

नामाष्टशतजापेन बहवः सिद्धतां गताः ।
यत्रैतल्लिखितं साक्षात् पुस्तके वाऽपि तिष्ठति ॥

nāmāṣṭaśatajāpena bahavaḥ siddhatāṃ gatāḥ
yatraitallikhitaṃ sākṣāt pustake vā-pi tiṣṭhati

Many people have attained perfection by japa, repeating these one hundred and eight names. Wherever even the writing of these names is kept in a book,

- 97 -

ग्रहमारीभयादीनि तत्र नैव भवन्ति हि ।
सौभाग्यं वर्धते नित्यं यथा पर्वणि वारिधिः ॥

grahamārībhayādīni tatra naiva bhavanti hi
saubhāgyaṃ vardhate nityaṃ yathā parvaṇi vāridhiḥ

adverse planetary influences, death, and all other fears cannot remain. Good fortune constantly abides, and the choices of life are always attained.

- 98 -

न तस्य दुर्लभं किंचिन्नामाष्टशतजापिनः ।

कृतकृत्यो भवेन्नूनं देवीभक्तिपरायणः ॥

na tasya durlabhaṃ kiṃcinnāmāṣṭaśatajāpinaḥ
kṛtakṛtyo bhavennūnaṃ devībhaktiparāyaṇaḥ

Nothing remains difficult of attainment to those persons who regularly recite these one hundred and eight names. Whoever is always devoted to the Goddess certainly attains blessedness.

- 99 -

नमन्ति देवतास्तं वै देवीरूपो हि स स्मृतः ।

सर्वथा पूज्यते देवैः किं पुनर्मनुजोत्तमैः ॥

namanti devatāstaṃ vai devīrūpo hi sa smṛtaḥ
sarvathā pūjyate devaiḥ kiṃ punarmanujottamaiḥ

The Gods, themselves, bow down to one who remembers the form of the Goddess, and always consider him worthy of worship. And again (upon rebirth) he takes a most excellent form among men.

- 100 -

श्राद्धकाले पठेदेतन्नामाष्टशतमुत्तमम् ।

तृप्तास्तत्पितरः सर्वे प्रयान्ति परमां गतिम् ॥

śrāddhakāle paṭhedetannāmāṣṭaśatamuttamam
tṛptāstatpitaraḥ sarve prayānti paramāṃ gatim

When these excellent one hundred and eight names are read with devotion at the time of a Memorial Service for departed ancestors, they are altogether pleased and grant the supreme refuge.

- 101 -

इमानि मुक्तिक्षेत्राणि साक्षात् संविन्मयानि च ।
सिद्धपीठानि राजेन्द्र संश्रयेन्मतिमान् नरः ॥

imāni muktikṣetrāṇi sākṣāt saṃvinmayāni ca
siddhapīṭhāni rājendra saṃśrayenmatimān naraḥ

These are the places which yield freedom from bondage, and are the actual repositories of Knowledge. Oh King of kings, these are the pilgrimage places for the attainment of perfection, where men should take refuge.

- 102 -

पृष्टं यत् तत् त्वया राजन्नुक्तं सर्वं महेशितुः ।
रहस्यातिरहस्यं च किं भूयः श्रोतुमिच्छसि ॥

pṛṣṭaṃ yat tat tvayā rājannuktaṃ sarvaṃ maheśituḥ
rahasyātirahasyaṃ ca kiṃ bhūyaḥ śrotumicchasi

Oh King! I have disclosed to you the secret of all secrets about which you asked to know. Please tell me what more you wish to hear.

Chapter 3

जनमेजय उवाच

janamejaya uvāca
Janamejaya said:

- 1 -

धराधराधीशमौलावाविरासीत् परं महः ।
यदुक्तं भवता पूर्वं विस्तरात् तद्वदस्व मे ॥

dharādharādhīśamaulāvāvirāsīt paraṃ mahaḥ
yaduktaṃ bhavatā pūrvaṃ vistarāt tadvadasva me
You have told me that the Highest Light took Her birth on the summit of the Himālayas. Please describe this Highest Light in detail.

- 2 -

को विरज्येत मतिमान् पिबञ्छक्तिकथामृतम् ।
सुधां तु पिबतां मृत्युः स नैतच्छृण्वतो भवेत् ॥

ko virajyeta matimān pibañchaktikathāmṛtam
sudhāṃ tu pibatāṃ mṛtyuḥ sa naitacchṛṇvato bhavet
What intelligent man can desist from hearing these nectar-like words about the Supreme Energy? Death may come to the Devas who drink the nectar of immortality, but no such danger can possibly come to those who drink the nectar of the glorious deeds of the Goddess.

व्यास उवाच

vyāsa uvāca
Vyāsa said:

- 3 -

धन्योऽसि कृतकृत्योऽसि शिक्षितोऽसि महात्मभिः ।
भाग्यवानसि यद्देव्यां निर्व्याजा भक्तिरस्ति ते ॥

dhanyo-si kṛtakṛtyo-si śikṣito-si mahātmabhiḥ
bhāgyavānasi yaddevyāṃ nirvyājā bhaktirasti te

You are blessed! You have attained the objectives of this human life. You are learned, having been taught by great souls of men. You are so fortunate to have cultivated sincere devotion to the Goddess.

- 4 -

शृणु राजन् पुरावृत्तं सतीदेहेऽग्निभर्जिते ।
भ्रान्तः शिवस्तु बभ्राम क्वचिद्देशे स्थिरोऽभवत् ॥

śṛṇu rājan purāvṛttaṃ satīdehe-gnibharjite
bhrāntaḥ śivastu babhrāma kvaciddeśe sthiro-bhavat

Listen, oh King, to this ancient occurrence. When Śiva was wandering throughout the world in a distracted state, carrying the body of Satī, which had been burned by fire, He rested from time to time in many places.

- 5 -

प्रपञ्चमानरहितः समाधिगतमानसः ।
ध्यायन् देवीस्वरूपं तु कालं निन्ये स आत्मवान् ॥

prapañcamānarahitaḥ samādhigatamānasaḥ
dhyāyan devīsvarūpaṃ tu kālaṃ ninye sa ātmavān

Controlling his five senses, he moved his mind into Samādhi, complete absorption, and merging His own soul into meditation on the intrinsic nature of the Goddess, he lost consciousness of time.

- 6 -

सौभाग्यरहितं जातं त्रैलोक्यं सचराचरम् ।
शक्तिहीनं जगत् सर्वं साब्धिद्वीपं सपर्वतम् ॥

saubhāgyarahitaṃ jātaṃ trailokyaṃ sacarācaram
śaktihīnaṃ jagat sarvaṃ sābdhidvīpaṃ saparvatam

All existence in the three worlds, both moving and immovable, the entire perceivable universe, with oceans and islands and mountains, became devoid of energy and good fortune.

- 7 -

आनन्दः शुष्कतां यातः सर्वेषां हृदयान्तरे ।
उदासीनाः सर्वलोकाश्चिन्ताजर्जरचेतसः ॥

ānandaḥ śuṣkatāṃ yātaḥ sarveṣāṃ hṛdayāntare
udāsīnāḥ sarvalokāścintājarjaracetasaḥ

The bliss residing within the hearts of all beings dried up, and the consciousness of all was burdened with anxious thought and the attitude of indifference.

- 8 -

सदा दुःखोदधौ मग्ना रोगग्रस्तास्तदाऽभवन् ।
ग्रहाणां देवतानां च वैपरीत्येन वर्तनम् ॥

sadā duḥkhodadhau magnā rogagrastāstadā-bhavan
grahāṇāṃ devatānāṃ ca vaiparītyena vartanam

All were merged in the ocean of pains and sorrows, and illness became prevalent. The planets moved in opposite directions (retrograded) and even the Gods suffered misfortune.

- 9 -

अधिभूताधिदैवानां सत्यभावान्नृपाऽभवन् ।
अथाऽस्मिन्नेव काले तु तारकाख्यो महासुरः ॥

adhibhūtādhidaivānāṃ satyabhāvānnṛpā-bhavan
athā-sminneva kāle tu tārakākhyo mahāsuraḥ

Kings did not maintain an attitude of truth because of both material and spiritual reasons. At this inauspicious time a great asura named Tāraka, the Illuminator of Duality,

- 10 -

ब्रह्मदत्तवरो दैत्योऽभवत् त्रैलोक्यनायकः ।
शिवौरसस्तु यः पुत्रः स ते हन्ता भविष्यति ॥

brahmadattavaro daityo-bhavat trailokyanāyakaḥ
śivaurasastu yaḥ putraḥ sa te hantā bhaviṣyati

became Ruler of the three worlds because of the boon he received from Brahmā. That evil one would only be slain by the son of Śiva.

- 11 -

इति कल्पितमृत्युः स देवदेवैर्महासुरः ।
शिवौरससुताभावाज्जगर्ज च ननाद च ॥

iti kalpitamṛtyuḥ sa devadevairmahāsuraḥ
śivaurasasutābhāvājjagarja ca nanāda ca

Thus the death of the great asura was contemplated by the Gods and Goddesses, but Śiva had neither wife nor son.

- 12 -

तेन चोपद्रुताः सर्वे स्वस्थानात् प्रच्युताः सुराः ।
शिवौरससुताभावाच्चिन्तामापुर्दुरत्ययाम् ॥

tena copadrutāḥ sarve svasthānāt pracyutāḥ surāḥ
śivaurasasutābhāvāccintāmāpurduratyayām

In this way, because of his oppression, the Gods fled from their places, and anxiously thought for the son of Śiva.

- 13 -

नाङ्गना शङ्करस्यास्ति कथं तत्सुतसम्भवः ।
अस्माकं भाग्यहीनानां कथं कार्यं भविष्यति ॥

nāṅganā śaṅkarasyāsti katham tatsutasambhavaḥ
asmākaṃ bhāgyahīnānāṃ kathaṃ kāryaṃ bhaviṣyati

"Śaṅkara, the Cause of Peace, has no wife. Then how can a son be possible! We are extremely unfortunate. How can our purpose be accomplished?"

- 14 -

इति चिन्तातुराः सर्वे जग्मुर्वैकुण्ठमण्डले ।
शशंसुर्हरिमेकान्ते स चोपायं जगाद ह ॥

iti cintāturāḥ sarve jagmurvaikuṇṭhamaṇḍale
śaśaṃsurharimekānte sa copāyaṃ jagāda ha

Thus oppressed with thoughts, they all went to Vaikuṇṭha, the home of Lord Viṣṇu, and in private, searched for the means of success.

- 15 -

कुतश्चिन्तातुराः सर्वे कामकल्पद्रुमा शिवा ।
जागर्ति भुवनेशानी मणिद्वीपाधिवासिनी ॥

kutaścintāturāḥ sarve kāmakalpadrumā śivā
jāgarti bhuvaneśānī maṇidvīpādhivāsinī

"Why are all your thoughts so filled with anxiety, when the auspicious Goddess of the Universe, who fulfills all desires contemplated, is awake, the Goddess of Existence, who dwells in the Maṇi Dvīpa, the Island of Jewels?

- 16 -

अस्माकमनयादेव तदुपेक्षास्ति नान्यथा ।
शिक्षैवेयं जगन्मात्रा कृताऽस्मच्छिक्षणाय च ॥

asmākamanayādeva tadupekṣāsti nānyathā
śikṣaiveyaṃ jaganmātrā kṛtā-smacchikṣaṇāya ca

Oh Gods, our various thoughts cause this indifference to the Mother, and there is no other cause. When the Mother of the Universe gives teaching

- 17 -

लालने ताडने मातुर्नाकारुण्यं यथार्भके ।
तद्वदेव जगन्मातुर्नियन्त्र्या गुणदोषयोः ॥

lālane tāḍane māturnākāruṇyaṃ yathārbhake
tadvadeva jaganmāturniyantryā guṇadoṣayoḥ

to Her foolish children, She reprimands them out of Her compassion, only to remove their defective qualities.

- 18 -

अपराधो भवत्येव तनयस्य पदे पदे ।
कोऽपरः सहते लोके केवलं मातरं विना ॥

aparādho bhavatyeva tanayasya pade pade
ko-paraḥ sahate loke kevalaṃ mātaraṃ vinā

A child commits errors at every step. Who else in the world can pardon that, except only the Mother.

- 19 -

तस्माद्यूयं पराम्बां तां शरणं यात मा चिरम् ।
निर्व्याजया चित्तवृत्त्या सा वः कार्यं विधास्यति ॥

tasmādyūyaṃ parāmbāṃ tāṃ śaraṇaṃ yāta mā ciram
nirvyājayā cittavṛttyā sā vaḥ kāryaṃ vidhāsyati

Quickly take refuge in the Supreme Mother, existing since ancient time immemorial, by controlling the modifications of your consciousness. She will certainly accomplish your objective."

- 20 -

इत्यादिश्य सुरान् सर्वान् महाविष्णुः स्वजायया ।
संयुतो निर्जगामाऽऽशु देवैः सह सुराधिपः ॥

ityādiśya surān sarvān mahāviṣṇuḥ svajāyayā
saṃyuto nirjagāmā--śu devaiḥ saha surādhipaḥ

Thus advising all the Gods, the Great Viṣṇu, along with His consort, Lakṣmī, and other Gods, went to worship the Goddess.

- 21 -

आजगाम महाशैलं हिमवन्तं नगाधिपम् ।
अभवंश्च सुराः सर्वे पुरश्चरणकर्मिणः ॥

ājagāma mahāśailaṃ himavantaṃ nagādhipam
abhavaṃśca surāḥ sarve puraścaraṇakarmiṇaḥ

Going to the great mountains of the Himālayas, the Gods engaged in performing the Homa and sacrificial offerings to the sacred fire, while repeating the mantras of the Goddess.

- 22 -

अम्बायज्ञविधानज्ञा अम्बायज्ञञ्च चक्रिरे ।
तृतीयादिव्रतान्याशु चक्रुः सर्वे सुरा नृप ॥

ambāyajñavidhānajñā ambāyajñañca cakrire
tṛtīyādivratānyāśu cakruḥ sarve surā nṛpa

Oh King, those who knew the performance of sacrifice to the Mother, began to make fire sacrifices, and all the Gods began to observe various vows of worship, like Tṛtīya (Third day) Vow, etc.

- 23 -

केचित् समाधिनिष्णाताः केचिन्नामपरायणाः ।

केचित् सूक्तपराः केचिन्नामपारायणोत्सुकाः ॥

kecit samādhiniṣṇātāḥ kecinnāmaparāyaṇāḥ
kecit sūktaparāḥ kecinnāmapārāyaṇotsukāḥ

Some engaged in one-pointed meditation (samādhi), and some engaged in constant repetition of Her names. Some engaged in reciting hymns in praise of the Goddess, and some recited Her names again and again.

- 24 -

मन्त्रपारायणपराः केचित् कृच्छ्रादिकारिणः ।

अन्तर्यागपराः केचित् केचित् न्यासपरायणाः ॥

mantrapārāyaṇaparāḥ kecit kṛcchrādikāriṇaḥ
antaryāgaparāḥ kecit kecit nyāsaparāyaṇāḥ

Some engaged in constant repetition of mantras, some performed memorial and other ceremonies. Some performed an inner sacrifice, and some continually established the energies of the Goddess within.

- 25 -

हृल्लेखया पराशक्तेः पूजां चक्रुरतन्द्रिताः ।

इत्येवं बहुवर्षाणि कालोऽगाज्जनमेजय ॥

hṛllekhayā parāśakteḥ pūjāṃ cakruratandritāḥ
ityevaṃ bahuvarṣāṇi kālo-gājjanamejaya

Some engaged in worship of the Highest Śakti, the Goddess of the Universe, without any sleep or rest by the seed mantra of Māyā, Hrīṃ. Thus, oh Janamejaya, many years of time passed.

- 26 -

अकस्माच्चैत्रमासीय-नवम्यां च भृगोर्दिने ।
प्रादुर्बभूव पुरतस्तन्महः श्रुतिबोधितम् ॥

akasmāccaitramāsīya-navamyāṃ ca bhṛgordine
prādurbabhūva puratastanmahaḥ śrutibodhitam

The ninth lunar day in the month of Caitra (March) came on Friday. On that day She became manifest before them, and they recognized Her voice.

- 27 -

चतुर्दिक्षु चतुर्वेदैर्मूर्तिमद्भिरभिष्टुतम् ।
कोटिसूर्यप्रतीकाशं चन्द्रकोटिसुशीतलम् ॥

caturdichu caturvedairmūrtimadbhirabhiṣṭutam
koṭisūryapratīkāśaṃ candrakoṭisuśītalam

On Her four sides stood the images of the four Vedas chanting hymns in Her praise. She radiated light like ten million suns, and again like the coolness of ten million moons.

- 28 -

विद्युत्कोटिसमानाभमरुणं तत्परं महः ।
नैव चोर्ध्वं न तिर्यक् च न मध्ये परिजग्रभत् ॥

vidyutkoṭisamānābhamaruṇaṃ tatparaṃ mahaḥ
naiva cordhvaṃ na tiryak ca na madhye parijagrabhat

That Light was equal to ten million bolts of lightning, reflecting the highest Love. There was nothing above it, nor nothing below it, neither was there anything other in the middle from its origin.

- 29 -

आद्यन्तरहितं तत्तु न हस्ताद्यङ्गसंयुतम् ।
न च स्त्रीरूपमथवा न पुंरूपमथोभयम् ॥

ādyantarahitaṃ tattu na hastādyaṅgasaṃyutam
na ca strīrūpamathavā na puṃrūpamathobhayam

It had no beginning, nor had it an end. It had neither hands nor other limbs attached to its body. Neither did it have a feminine form, nor a masculine form, nor was its appearance of mixed gender.

\- 30 -

दीप्त्या पिधानं नेत्राणां तेषामासीन्महीपते ।
पुनश्च धैर्यमालम्ब्य यावत् ते ददृशुः सुराः ॥

dīptyā pidhānaṃ netrāṇāṃ teṣāmāsīnmahīpate
punaśca dhairyamālambya yāvat te dadṛśuḥ surāḥ

Dazzled by the brilliant lustre, the Gods first closed their eyes. When again, with patience they opened their eyes,

\- 31 -

तावत् तदेव स्त्रीरूपेणाऽभादिव्यं मनोहरम् ।
अतीव रमणीयाङ्गीं कुमारीं नवयौवनाम् ॥

tāvat tadeva strīrūpeṇā-bhādivyaṃ manoharam
atīva ramaṇīyāṅgīṃ kumārīṃ navayauvanām

they saw the Highest Light manifesting in the form of an exceedingly beautifully Divine Woman. Her body was extremely beautiful, a young girl in the freshness of youth.

\- 32 -

उद्यत्पीनकुचद्वन्द्वनिन्दिताम्भोजकुड्मलाम् ।
रणत्किङ्किणिकाजालसिञ्जन्मञ्जीरमेखलाम् ॥

udyatpīnakucadvandvaninditāmbhojakuḍmalām
raṇatkiṅkiṇikājālasiñjanmañjīramekhalām

Her breasts were elevated, plump, prominent, and appearing as lotus buds, which added to Her incomparable beauty. She wore bracelets on Her four hands,

- 33 -

कनकाङ्गदकेयूरग्रैवेयकविभूषिताम् ।
अनर्घ्यमणिसम्भिन्नगलबन्धविराजिताम् ॥

kanakāṅgadakeyūragraiveyakavibhūṣitām
anarghyamaṇisambhinnagalabandhavirājitām
armlets on Her four arms, a necklace around Her neck, and a garland made of invaluable gems and jewels radiated its lustre very brightly.

- 34 -

तनुकेतकसंराजन्नीलभ्रमरकुन्तलाम् ।
नितम्बबिम्बसुभगां रोमराजिविराजिताम् ॥

tanuketakasaṃrājannīlabhramarakuntalām
nitambabimbasubhagāṃ romarājivirājitām
Lovely ornaments at Her waist made tinkling sounds, and beautiful anklets were on Her feet. The hairs of Her head sparkled brightly like large black bees shining on the blooming Ketaki flowers.

- 35 -

कर्पूरशकलोन्मिश्रताम्बूलपूरिताननाम् ।
कनत्कनकताटङ्कविटङ्कवदनाम्बुजाम् ॥

karpūraśakalonmiśratāmbūlapūritānanām
kanatkanakatāṭaṅkaviṭaṅkavadanāmbujām
Her lovely lotus-like mouth was filled with betel leaves mixed with camphor. Her golden ear-ornaments were shining, and She appeared lustrous and beautiful.

- 36 -

अष्टमीचन्द्रबिम्बाभललाटामायतभ्रुवम् ।
रक्तारविन्दनयनामुन्नसां मधुराधराम् ॥

aṣṭamīcandrabimbābhalalāṭāmāyatabhruvam
raktāravindanayanāmunnasāṃ madhurādharām

The crescent moon of the eighth lunar day shone upon Her forehead. Her eyebrows were long and arched, and Her eyes looked bright and like a red lotus. Her nose was elevated and Her lips were very sweet.

- 37 -

कुन्दकुड्मलदन्ताग्रां मुक्ताहारविराजिताम् ।
रत्नसम्भिन्नमुकुटां चन्द्ररेखावतंसिनीम् ॥

kundakuḍmaladantāgrāṃ muktāhāravirājitām
ratnasambhinnamukuṭāṃ candrarekhāvataṃsinīm

Her teeth were very beautiful like the opening buds of the Kunda flower. A necklace of pearls hung from Her neck. On Her head was a brilliant crown adorned with jewels that shined like the lines on the Moon.

- 38 -

मल्लिकामालतीमालाकेशपाशविराजिताम् ।
काश्मीरबिन्दुनिटिलां नेत्रत्रयविलासिनीम् ॥

mallikāmālatīmālākeśapāśavirājitām
kāśmīrabinduniṭilāṃ netratrayavilāsinīm

Her hair was ornamented with a net of garlands made of Mallikā and Mālatī flowers. On Her forehead was the brilliant spot of vermillion made of Kāśmira Kuṅkuma in Her third eye, which added lustre to Her face.

- 39 -

पाशाङ्कुशवराऽभीतिचतुर्बाहुं त्रिलोचनाम् ।
रक्तवस्त्रपरीधानां दाडिमीकुसुमप्रभाम् ॥

pāśāṅkuśavarā-bhīticaturbāhuṃ trilocanām
raktavastraparīdhānāṃ dāḍimīkusumaprabhām

In one of Her four hands there was a noose and in another hand there was the goad or curved sword. With the fingers of Her two other hands, She made the signs of granting boons and dispelling fear. She wore a red colored cloth like the flowers of a Dāḍima (pomegranate) tree.

- 40 -

सर्वशृङ्गारवेषाढ्यां सर्वदेवनमस्कृताम् ।

सर्वाशापूरिकां सर्वमातरं सर्वमोहिनीम् ॥

sarvaśṛṅgāraveṣāḍhyāṃ sarvadevanamaskṛtām
sarvāśāpūrikāṃ sarvamātaraṃ sarvamohinīm

The Gods bowed down with devoted respect to the embodiment of All Love, to She who fulfills All Hopes and Desires, to the Mother of All, Who thrusts All into the ignorance of duality.

- 41 -

प्रसादसुमुखीमम्बां मन्दस्मितमुखाम्बुजाम् ।

अव्याजकरुणामूर्तिं ददृशुः पुरतः सुराः ॥

prasādasumukhīmambāṃ mandasmitamukhāmbujām
avyājakaruṇāmūrtiṃ dadṛśuḥ purataḥ surāḥ

Her beneficence allowed the Gods to see the beautiful face of the Mother of the Universe radiating a sweet-smile, the image of infinite compassion.

- 42 -

दृष्ट्वा तां करुणामूर्तिं प्रणेमुः सादरं सुराः ।

वक्तुं नाऽशक्नुवन् किञ्चिद्बाष्पसंरुद्धनिःस्वनाः ॥

dṛṣṭvā tāṃ karuṇāmūrtiṃ praṇemuḥ sādaraṃ surāḥ
vaktuṃ nā-śaknuvan kiñcidvāṣpasaṃruddhaniḥsvanāḥ

Seeing Her, that divine image of compassion, the Gods immediately bowed down with devotion, but they could not speak as their voices were choked with emotion.

- 43 -

कथञ्चित् स्थैर्यमालम्ब्य भक्त्या चानतकन्धराः ।

प्रेमाश्रुपूर्णनयनास्तुष्टुवुर्जगदम्बिकाम् ॥

kathañcit sthairyamālambya bhaktyā cānatakandharāḥ
premāśrupūrṇanayanāstuṣṭuvurjagadambikām

Then with great difficulty, those devotees began to praise Her. With their eyes filled with tears of love and devotion for the satisfaction of the Mother of the Universe they chanted:

देवा ऊचुः

devā ūcuḥ

The Gods said:

- 44 -

नमो देव्यै महादेव्यै शिवायै सततं नमः ।

नमः प्रकृत्यै भद्रायै नियताः प्रणताः स्म ताम् ॥

namo devyai mahādevyai śivāyai satataṃ namaḥ
namaḥ prakṛtyai bhadrāyai niyatāḥ praṇatāḥ sma tām

"We bow to the Goddess, to the Great Goddess, to the Energy of Infinite Goodness at all times we bow. We bow to Nature, to the Excellent One, with discipline we have bowed down.

- 45 -

तामग्निवर्णां तपसा ज्वलन्तीं वैरोचनीं कर्मफलेषु जुष्टाम् ।

दुर्गां देवीं शरणं प्रपद्यामहेऽसुरान्नाशयित्र्यै ते नमः ॥

tāmagnivarṇāṃ tapasā jvalantīṃ
vairocanīṃ karmaphaleṣu juṣṭām
durgāṃ devīṃ śaraṇaṃ prapadyām-
ahe-surānnāśayitryai te namaḥ

We take the refuge of She who is of the nature of Fire, who shines as the Light of Wisdom in Meditation, the bestower of the fruits of all actions, the Goddess Durgā, the Reliever of all Difficulties. To the Destroyer of All Thoughts, we bow down to you.

- 46 -

देवीं वाचमजनयन्त देवास्तां विश्वरूपाः पशवो वदन्ति ।
सा नो मन्द्रेषमूर्जं दुहाना धेनुर्वागस्मानुप सुष्टुतैतु ॥

devīṃ vācamajanayanta devā-
stāṃ viśvarūpāḥ paśavo vadanti
sā no mandreṣamūrjaṃ duhānā
dhenurvāgasmānupa suṣṭutaitu

The Gods have offered forth many loving vibrations to the Goddess. All living beings call Her the form of the universe. May She who is like the cow granting all desires, Giver of Bliss and Strength, the form of all sound, may that Ultimate Goddess, being pleased with our hymns, present Herself before us.

- 47 -

कालरात्रीं ब्रह्मस्तुतां वैष्णवीं स्कन्दमातरम् ।
सरस्वतीमदितिं दक्षदुहितरं नमामः पावनां शिवाम् ॥

kālarātrīṃ brahmastutāṃ vaiṣṇavīṃ skandamātaram
sarasvatīmaditiṃ dakṣaduhitaraṃ
namāmaḥ pāvanāṃ śivām

We bow to the Time of Darkness, to She who is praised by the Creative Capacity, to the Energy of Universal Consciousness, to the Mother of Divinity, to the Spirit of All-Pervading Knowledge, to the Mother of Enlightenment, to the Daughter of Ability, to the Energy of Goodness.

- 48 -

महालक्ष्म्यै च विद्महे सर्वशक्त्यै च धीमहि ।

तन्नो देवी प्रचोदयात् ॥

mahālakṣmyai ca vidmahe sarvaśaktyai ca dhīmahi
tanno devī pracodayāt

We know the Goddess Mahālakṣmī, and we meditate upon She who embodies all energy. May that Goddess grant us increase in Wisdom.

- 49 -

नमो विराट्स्वरूपिण्यै नमः सूत्रात्ममूर्तये ।

नमोऽव्याकृतरूपिण्यै नमः श्रीब्रह्ममूर्तये ॥

namo virāṭsvarūpiṇyai namaḥ sūtrātmamūrtye
namo-vyākṛtarūpiṇyai namaḥ śrībrahmamūrtaye

We bow to the intrinsic nature of the universal manifestation, we bow to the image of the soul of subtle existence. We bow to the intrinsic nature of She who is indivisible, we bow down with devotion to the respected image of Supreme Divinity.

- 50 -

यदज्ञानाज्जगद्भाति रज्जुसर्पस्रगादिवत् ।

यज्ज्ञानाल्लयमाप्नोति नुमस्तां भुनेश्वरीम् ॥

yadajñānājjagadbhāti rajjusarpasragādivat
yajjñānāllayamāpnoti numastāṃ bhuneśvarīm

We bow down with great devotion to the Supreme of all existence, who creates ignorance like mistaking a rope for a snake, etcetera, and who also gives the knowledge to correct that ignorance.

- 51 -

नुमस्तत्पदलक्ष्यार्थां चिदेकरसरूपिणीम् ।
अखण्डानन्दरूपां तां वेदतात्पर्यभूमिकाम् ॥

numastatpadalakṣyārthāṃ cidekarasarūpiṇīm
akhaṇḍānandarūpāṃ tāṃ vedatātparyabhūmikām

We bow down to the object of the definition of That, and to the intrinsic nature of the nectar of the One Consciousness. You are the form of indivisible Bliss, and the Supreme Wisdom in all lands.

- 52 -

पञ्चकोशातिरिक्तां तामवस्थात्रयसाक्षिणीम् ।
नुमस्त्वम्पदलक्ष्यार्थां प्रत्यगात्मस्वरूपिणीम् ॥

pañcakośātiriktāṃ tāmavasthātrayasākṣiṇīm
numastvampadalakṣyārthāṃ pratyagātmasvarūpiṇīm

You are beyond the five sheaths (Annamaya, Prāṇamaya, Manomaya, Vijñānamaya and Ānandamaya, the five Kośas: the body of matter, the body of air, the body of thought, the body of light, and the body of bliss), the Witness of the three states (wakefulness, dreaming, and deep sleeping consciousness). We bow down to the object of the definition of Thou, the intrinsic nature of the soul of all existence.

- 53 -

नमः प्रणवरूपायै नमो ह्रींकारमूर्तये ।
नानामन्त्रात्मिकायै ते करुणायै नमो नमः ॥

namaḥ praṇavarūpāyai namo hrīṃkāramūrtaye
nānāmantrātmikāyai te karuṇāyai namo namaḥ

We bow down to the Praṇava Oṃ. We bow down to the image of the bīja mantra, Hrīṃ. You are the manifestation of various mantras and You are compassionate. We bow down again and again to You."

\- 54 -

इति स्तुता तदा देवैर्मणिद्वीपाधिवासिनी ।
प्राह वाचा मधुरया मत्तकोकिलनिःस्वना ॥

iti stutā tadā devairmaṇidvīpādhivāsinī
prāha vācā madhurayā mattakokilaniḥsvanā

Thus the Gods sang praises to the Divine Mother Goddess, who resides in the Island of Jewels. Then the Supreme Spirit of all Welfare spoke to them in a voice sweet as that of a cuckoo bird.

श्रीदेव्युवाच

śrīdevyuvāca

The Goddess said:

\- 55 -

वदन्तु विबुधाः कार्यं यदर्थमिह सङ्गताः ।
वरदाऽहं सदा भक्तकामकल्पद्रुमाऽस्मि च ॥

vadantu vibudhāḥ kāryaṃ yadarthamiha saṅgatāḥ
varadā-haṃ sadā bhaktakāmakalpadrumā-smi ca

"Tell me the purpose of your gathering here. I grant to devotees the fulfillment of desires, as a wish fulfilling tree.

\- 56 -

तिष्ठन्त्यां मयि का चिन्ता युष्माकं भक्तिशालिनाम् ।
समुद्धरामि मद्भक्तान् दुःखसंसारसागरात् ॥

tiṣṭhantyāṃ mayi kā cintā yuṣmākaṃ bhaktiśālinām
samuddharāmi madbhaktān duḥkhasaṃsārasāgarāt

For devotees who have become established with me, what is this anxiety? I bear my devotees beyond the sorrows of the ocean of objects and relationships.

- 57 -

इति प्रतिज्ञां मे सत्यां जानीथ विबुधोत्तमाः ।
इति प्रेमाकुलां वाणीं श्रुत्वा सन्तुष्टमानसाः ॥

iti pratijñāṃ me satyāṃ jānītha vibudhottamāḥ
iti premākulāṃ vāṇīṃ śrutvā santuṣṭamānasāḥ

This promise of mine is true. Know this, oh excellent Knowers!" Thus hearing these words filled with love, the Gods derived complete satisfaction in their minds.

- 58 -

निर्भया निर्जरा राजन्नूचुर्दुःखं स्वकीयकम् ।

nirbhayā nirjarā rājannūcurduḥkhaṃ svakīyakam

Oh King, then the Gods described their own pain without hesitation.

देवा ऊचुः

devā ūcuḥ

The Gods said:

नाज्ञातं किञ्चि दप्यत्र भवत्याऽस्ति जगत्त्रये ॥

nājñātaṃ kiñci dapyatra bhavatyāsti jagattraye

"There is nothing in these three worlds which is not known to You.

- 59 -

सर्वज्ञया सर्वसाक्षिरूपिण्या परमेश्वरि ।
तारकेणासुरेन्द्रेण पीडिताः स्मो दिवानिशम् ॥

sarvajñayā sarvasākṣirūpiṇyā parameśvari
tārakeṇāsurendreṇa pīḍitāḥ smo divāniśam

Oh Supreme Ruler of All, You know everything and You see everything. Day and night the Illuminator of Darkness, Tārakāsura, the Ruler of Duality, is giving us much distress.

- 60 -

शिवाङ्गजादूधस्तस्य निर्मितो ब्रह्मणा शिवे ।
शिवाङ्गना तु नैवास्ति जानासि त्वं महेश्वरि ॥

śivāṅgajādvadhastasya nirmito brahmaṇā śive
śivāṅganā tu naivāsti jānāsi tvaṃ maheśvari

He has received the boon from Brahmā that he will be killed only by Śiva's son. Oh Great Seer of All, You know that the wife of Śiva is not in manifestation at this time.

- 61 -

सर्वज्ञपुरतः किं वा वक्तव्यं पामरैर्जनैः ।
एतदुद्देशतः प्रोक्तमपरं तर्कयाऽम्बिके ॥

sarvajñapurataḥ kiṃ vā vaktavyaṃ pāmarairjanaiḥ
etaduddeśataḥ proktamaparaṃ tarkayā-mbike

Oh Mother of the Universe, what can ignorant and inferior beings like ourselves, tell to You who are Omniscient? You know all our troubles and desires.

- 62 -

सर्वदा चरणाम्भोजे भक्तिः स्यात् तव निश्चला ।
प्रार्थनीयमिदं मुख्यमपरं देहहेतवे ॥

sarvadā caraṇāmbhoje bhaktiḥ syāt tava niścalā
prārthanīyamidaṃ mukhyamaparaṃ dehahetave

Bless us so that our devotion remains continuously at Your lotus feet. This is our earnest prayer, and all that we should speak."

- 63 -

इति तेषां वचः श्रुत्वा प्रोवाच परमेश्वरी ।
मम शक्तिस्तु या गौरी भविष्यति हिमालये ॥

iti teṣāṃ vacaḥ śrutvā provāca parameśvarī
mama śaktistu yā gaurī bhaviṣyati himālaye

Hearing these words of prayer from the Gods, the Supreme Ruler of All said, "My Divine Energy will incarnate as Gaurī in the house of Himālaya.

- 64 -

शिवाय सा प्रदेया स्यात् सा वः कार्यं विधास्यति ।
भक्तिर्यच्चरणाम्भोजे भूयाद्युष्माकमादरात् ॥

śivāya sā pradeyā syāt sā vaḥ kāryaṃ vidhāsyati
bhaktiryaccaraṇāmbhoje bhūyādyuṣmākamādarāt

She will become the wife of Śiva and will beget a son that will achieve your purpose. And your devotion will remain steadfast at my lotus feet.

- 65 -

हिमालयो हि मनसा मामुपास्तेऽतिभक्तितः ।
ततस्तस्य गृहे जन्म मम प्रियकरं मतम् ॥

himālayo hi manasā māmupāste-tibhaktitaḥ
tatastasya gṛhe janma mama priyakaraṃ matam

Himālaya, too, is worshipping Me with his full mind and with great devotion. Therefore, I am very pleased to take birth in his house."

व्यास उवाच

vyāsa uvāca

Vyāsa said:

- 66 -

हिमालयोऽपि तच्छ्रुत्वाऽत्यनुग्रहकरं वचः ।
बाष्पैः संरुद्धकण्ठाक्षो महाराज्ञीं वचोऽब्रवीत् ॥

himālayo-pi tacchrutvā-tyanugrahakaraṃ vacaḥ
bāṣpaiḥ saṃruddhakaṇṭhākṣo mahārājñīṃ vaco-bravīt

Hearing these extremely kind words, Himālaya was filled with love. With a voice choked with tears in his throat, he spoke to the Great Queen of Existence.

- 67 -

महत्तरं तं कुरुषे यस्यानुग्रहमिच्छसि ।
नो चेत् क्वाऽहं जडः स्थाणुः क्व त्वं सच्चित्स्वरूपिणी ॥

mahattaraṃ taṃ kuruṣe yasyānugrahamicchasi
no cet kvā-haṃ jaḍaḥ sthāṇuḥ kva tvaṃ saccitsvarūpiṇī

"This being has been raised high by Your loving desire. For what am I, but an inert and stationary existence, whereas You are the Intrinsic Nature of True Existence and Consciousness!

- 68 -

असम्भाव्यं जन्मशतैस्त्वत्पितृत्वं ममाऽनघे ।
अश्वमेधादिपुण्यैर्वा पुण्यैर्वा तत्समाधिजैः ॥

asambhāvyaṃ janmaśataistvatpitṛtvaṃ mamā-naghe
aśvamedhādipuṇyairvā puṇyairvā tatsamādhijaiḥ

My becoming Your father, which is otherwise impossible, must be the results of the merits earned by me for performing the Aśvamedha and other sacrifices, and the merits for my constant union in one-pointed meditation.

- 69 -

अद्य प्रपञ्चे कीर्तिः स्याज्जगन्माता सुताऽभवत् ।
अहो हिमालयस्यास्य धन्योऽसौ भाग्यवानिति ॥

adya prapañce kīrtiḥ syājjaganmātā sutā-bhavat
aho himālayasyāsya dhanyo-sau bhāgyavāniti

That the Mother of the Perceivable Universe will become my daughter, will make my fame to be foremost among the creation composed of five elements. Oh how blessed and fortunate is Himālaya!

- 70 -

यस्यास्तु जठरे सन्ति ब्रह्माण्डानां च कोटयः ।
सैव यस्य सुता जाता को वा स्यात् तत्समो भुवि ॥

yasyāstu jaṭhare santi brahmāṇḍānāṃ ca koṭayaḥ
saiva yasya sutā jātā ko vā syāt tatsamo bhuvi

To whom can greater fortune come, than to he who has been chosen to give birth to the daughter within whom millions of creations are contained.

- 71 -

न जानेऽस्मत्पितृणां किं स्थानं स्यान्निर्मितं परम् ।
एतादृशानां वासाय येषां वंशेऽस्ति मादृशः ॥

na jāne-smatpitṝṇāṃ kiṃ sthānaṃ syānnirmitaṃ param
etādṛśānāṃ vāsāya yeṣāṃ vaṃśe-sti mādṛśaḥ

I cannot know to what elevated places my ancestors may be entitled, those perceivable and imperceivable residences in which the future virtues may take birth.

- 72 -

इदं यथा च दत्तं मे कृपया प्रेमपूर्णया ।
सर्ववेदान्तसिद्धं च त्वद्रूपं ब्रूहि मे तथा ॥

idaṃ yathā ca dattaṃ me kṛpayā premapūrṇayā
sarvavedāntasiddhaṃ ca tvadrūpaṃ brūhi me tathā

In the same way that You have shown me the grace of the fullness of Your Love, describe to me that form, Your Real Self, which is the attainment of perfection of the non-duality of Vedānta.

- 73 -

योगं च भक्तिसहितं ज्ञानं च श्रुतिसम्मतम् ।
वदस्व परमेशानि त्वमेवाऽहं यतो भवेः ॥

yogaṃ ca bhaktisahitaṃ jñānaṃ ca śrutisammatam
vadasva parameśāni tvamevā-haṃ yato bhaveḥ
Oh Supreme Lord of All, tell of Yoga and Devotion and Wisdom as shown in the Vedas, so that by That Knowledge, I will be able to realize The Self."

व्यास उवाच

vyāsa uvāca
Vyāsa said:

- 74 -

इति तस्य वचः श्रुत्वा प्रसन्नमुखपङ्कजा ।
वक्तुमारभताम्बा सा रहस्यं श्रुतिगूहितम् ॥

iti tasya vacaḥ śrutvā prasannamukhapaṅkajā
vaktumārabhatāmbā sā rahasyaṃ śrutigūhitam
Having heard these words from Himālaya, the Mother of the Universe, with a pleasing look, began to expound the secrets contained in the Vedas.

Chapter 4

श्रीदेव्युवाच

śrīdevyuvāca

The Goddess said:

- 1 -

श्रृण्वन्तु निर्जराः सर्वे व्याहरन्त्या वचो मम ।
यस्य श्रवणमात्रेण मद्रूपत्वं प्रपद्यते ॥

śṛṇvantu nirjarāḥ sarve vyāharantyā vaco mama
yasya śravaṇamātreṇa madrūpatvaṃ prapadyate

Listen to all my words with attention, oh you who are free from old age and death. Merely hearing this discourse will enable you to realize my form.

- 2 -

अहमेवास पूर्वं तु नान्यत् किञ्चिन्नगाधिप ।
तदात्मरूपं चित्संवित् परब्रह्मैकनामकम् ॥

ahamevāsa pūrvaṃ tu nānyat kiñcinnagādhipa
tadātmarūpaṃ citsaṃvit parabrahmaikanāmakam

Before, only I was, and there was nothing else other than I. The form of my eternal soul, the Self, is known by the names Cit, Saṃvit and Para Brahma: (defined as Consciousness, the Totality of Knowledge, and the Supreme Divinity or Perceiver.)

- 3 -

अप्रतर्क्यमनिर्देश्यमनौपम्यमनामयम् ।
तस्य काचित् स्वतः सिद्धा शक्तिर्मायेति विश्रुता ॥

apratarkyamanirdeśyamanaupamyamanāmayam
tasya kācit svataḥ siddhā śaktirmāyeti viśrutā

The Self is unable to be perceived through the senses. It is without confinement to space, changeless and without name. The Self has one inherent power, the Infinite Energy called by the siddhas (attained ones) as Māyā.

- 4 -

न सती सा नाऽसती सा नोभयात्मा विरोधतः ।
एतद्विलक्षणा काचिद्वस्तुभूताऽस्ति सर्वदा ॥

na satī sā nā-satī sā nobhayātmā virodhataḥ
etadvilakṣaṇā kācidvastubhūtā-sti sarvadā

This Māyā is not existent, nor is it non-existent; neither can it be called both. But this undefinable Māyā always is without end.

- 5 -

पावकस्योष्ण्यतेवेयमुष्णांशोरिव दीधितिः ।
चन्द्रस्य चन्द्रिकेवेयं ममेयं सहजा ध्रुवा ॥

pāvakasyoṣṇyateveyamuṣṇāṃśoriva dīdhitiḥ
candrasya candrikeveyaṃ mameyaṃ sahajā dhruvā

My Māyā is natural as heat rises from fire, as the Sun emits rays of light, and as cooling rays come from the Moon.

- 6 -

तस्यां कर्माणि जीवानां जीवाः कालश्च सञ्चरे ।
अभेदेन विलीनाः स्युः सुषुप्तौ व्यवहारवत् ॥

tasyāṃ karmāṇi jīvānāṃ jīvāḥ kālaśca sañcare
abhedena vilīnāḥ syuḥ suṣuptau vyavahāravat

Just as all the actions of all life dissolve into suṣupti or deep dreamless sleep, all life and Time, itself, merge into that Māyā.

- 7 -

स्वशक्तेश्च समायोगादहं बीजात्मतां गता ।
स्वाधारावरणात् तस्या दोषत्वं च समागतम् ॥

svaśakteśca samāyogādahaṃ bījātmatāṃ gatā
svādhārāvaraṇāt tasyā doṣatvaṃ ca samāgatam

In My union of Māyā with Śakti, I am the seed of the soul of existence. Holding aloft this creation has the defect of hiding Me, its Originator.

- 8 -

चैतन्यस्य समायोगान्निमित्तत्वं च कथ्यते ।
प्रपञ्चपरिणामाच्च समवायित्वमुच्यते ॥

caitanyasya samāyogānnimittatvaṃ ca kathyate
prapañcapariṇāmācca samavāyitvamucyate

Māyā in union with Caitanya (Consciousness) is called the efficient cause of existence, (or ultimate principle of non-duality). Māyā expressed through the five original elements is known as the material cause of existence.

- 9 -

केचित् तां तप इत्याहुस्तमः केचिज्जडं परे ।
ज्ञानं मायां प्रधानं च प्रकृतिं शक्तिमप्यजाम् ॥

kecit tāṃ tapa ityāhustamaḥ kecijjaḍaṃ pare
jñānaṃ māyāṃ pradhānaṃ ca prakṛtiṃ śaktimapyajām

Some call this Māyā Tapas, That which produces Heat or Purifying Activity; some call Her Tama, Darkness; others say Jaḍa, Inert Material; Wisdom, Māyā, Foremost, Nature, Energy, Without Birth.

- 10 -

विमर्श इति तां प्राहुः शैवशास्त्रविशारदाः ।
अविद्यामितरे प्राहुर्वेदतत्त्वार्थचिन्तकाः ॥

vimarśa iti tāṃ prāhuḥ śaivaśāstraviśāradāḥ
avidyāmitare prāhurvedatattvārthacintakāḥ

The expositors of the Śiva Scriptures call Her Vimarśa, Experience; and others from Vedānta Philosophy think of Her as Avidyā, Ignorance (or That which Obscures Knowledge).

- 11 -

एवं नानाविधानि स्युर्नामानि निगमादिषु ।
तस्या जडत्वं दृश्यत्वाज्ज्ञाननाशात् ततोऽसती ॥

evaṃ nānāvidhāni syurnāmāni nigamādiṣu
tasyā jaḍatvaṃ dṛśyatvājjñānanāśāt tato-satī

And for this Māyā various expounders have expressed various names in the Nigamas and various other scriptures. That which can be seen of this Māyā is inert, and the knowledge it conveys is not indestructible. Therefore, it is false.

- 12 -

चैतन्यस्य न दृश्यत्वं दृश्यत्वे जडमेव तत् ।
स्वप्रकाशं च चैतन्यं न परेण प्रकाशितम् ॥

caitanyasya na dṛśyatvaṃ dṛśyatve jaḍameva tat
svaprakāśaṃ ca caitanyaṃ na pareṇa prakāśitam

Consciousness cannot be perceived. Only the inert may be perceived. Consciousness, alone, perceives itself, and is not perceived by any greater source.

- 13 -

अनवस्थादोषसत्त्वान्न स्वेनाऽपि प्रकाशितम् ।
कर्मकर्तृविरोधः स्यात् तस्मात् तद्दीपवत् स्वयम् ॥

anavasthādoṣasattvānna svenā-pi prakāśitam
karmakartṛvirodhaḥ syāt tasmāt taddīpavat svayam

The logical fallacy of Anavasthā (an endless series of causes and effects) would exist, if it were to be said that

Consciousness requires another source of perception. The Cause cannot be the same as the effect. Therefore, Consciousness must be perceived by itself.

- 14 -

प्रकाशमानमन्येषां भासकं विद्धि पर्वत ।
अत एव च नित्यत्वं सिद्धसंवित् तनोर्मम ॥

prakāśamānamanyeṣāṃ bhāsakaṃ viddhi parvata
ata eva ca nityatvaṃ siddhasaṃvit tanormama

The Self-Perceiving requires no other source of perception. It, itself, perceives the Sun, the Moon and the Mountains. The attainment of this Universal Body of Knowledge is the infinite attainment of Me.

- 15 -

जाग्रत्स्वप्नसुषुप्त्यादौ दृश्यस्य व्यभिचारतः ।
संविदो व्यभिचारश्च नाऽनुभूतोऽस्ति कर्हिचित् ॥

jāgratsvapnasuṣuptyādau dṛśyasya vyabhicārataḥ
saṃvido vyabhicāraśca nā-nubhūto-sti karhicit

The waking, dreaming and deep sleep states of perception are constantly changing. But the Saṃvit, the Universal Body of Knowledge, always remains the same; no differentiation can ever be understood.

- 16 -

यदि तस्याऽप्यनुभवस्तर्ह्ययं येन साक्षिणा ।
अनुभूतः स एवाऽत्र शिष्टः संविद्वपुः पुरा ॥

yadi tasyā-pyanubhavastarhyayaṃ yena sākṣiṇā
anubhūtaḥ sa evā-tra śiṣṭaḥ saṃvidvapuḥ purā

If it could be felt or experienced, it would be transitory. Therefore, it is understood by the Witness to be older than the oldest.

- 17 -

अत एव च नित्यत्वं प्रोक्तं सच्छास्त्रकोविदैः ।
आनन्दरूपता चाऽस्याः परप्रेमास्पदत्वतः ॥

ata eva ca nityatvaṃ proktaṃ sacchāstrakovidaiḥ
ānandarūpatā cā-syāḥ parapremāspadatvataḥ

All true scriptures declare that the Universal Body of Knowledge is Eternal; it is the Form of Bliss, and thus the Progenitor of Supreme Love.

- 18 -

मा न भूवं हि भूयासमिति प्रेमात्मनि स्थितम् ।
सर्वस्याऽन्यस्य मिथ्यात्वादसङ्गत्वं स्फुटं मम ॥

mā na bhūvaṃ hi bhūyāsamiti premātmani sthitam
sarvasyā-nyasya mithyātvādasaṅgatvaṃ sphuṭaṃ mama

All thoughts give the feeling, "I am" and never the feeling, "I am not." This feeling exists intrinsically within the soul as Love. Thus I am quite distinct from all else which is false.

- 19 -

अपरिच्छन्नताऽप्येवमत एव मता मम ।
तच्चज्ञानं नात्मधर्मो धर्मत्वे जडताऽऽत्मनः ॥

aparicchannatā-pyevamata eva matā mama
taccajñānaṃ nātmadharmo dharmatve jaḍatā--tmanaḥ

I am Indivisible (Infinite); all is Me. Wisdom is not the Dharma of the Soul, it is the intrinsic nature of the Soul.

- 20 -

ज्ञानस्य जडशेषत्वं न दृष्टं न च सम्भवि ।
चिद्धर्मत्वं तथा नास्ति चितश्चिन्न हि विद्यते ॥

jñānasya jaḍaśeṣatvaṃ na dṛṣṭaṃ na ca sambhavi
ciddharmatvaṃ tathā nāsti citaścinna hi vidyate

The ultimate unchanging character of Wisdom cannot be perceived, nor does it evolve. Cit, Consciousness, is the Ideal of Perfection, and if the Consciousness does not exist, then how can it be known?

- 21 -

तस्मादात्मज्ञानरूपः सुखरूपश्च सर्वदा ।

सत्यः पूर्णोऽप्यसङ्गश्च द्वैतजालविवर्जितः ॥

tasmādātmajñānarūpaḥ sukharūpaśca sarvadā
satyaḥ pūrṇo-pyasaṅgaśca dvaitajjālavivarjitaḥ
Therefore, the Soul is the form of Wisdom, and always of the form of Happiness. It is Truth, always Full, unattached and devoid of duality.

- 22 -

स पुनः कामकर्मादियुक्तया स्वीयमायया ।

पूर्वानुभूतसंस्कारात् कालकर्मविपाकतः ॥

sa punaḥ kāmakarmādiyuktayā svīyamāyayā
pūrvānubhūtasaṃskārāt kālakarmavipākataḥ
Again, when united with desires and Karmas (actions), etc., it creates its own Māyā according to the rising of previous Saṃskāras (tendencies), ripening because of time and activity.

- 23 -

अविवेकाच्च तत्त्वस्य सिसृक्षावान् प्रजायते ।

अबुद्धिपूर्वः सर्गोऽयं कथितस्ते नगाधिप ॥

avivekācca tattvasya sisṛkṣāvān prajāyate
abuddhipūrvaḥ sargo-yaṃ kathitaste nagādhipa
Because of lack of discrimination of the tattvas (the Principles of existence becoming mixed together), creation comes forth. Oh Great Mountain, it is said that all beings take birth because of a previous deficiency of buddhi (intelligence).

- 24 -

एतद्धि यन्मया प्रोक्तं मम रूपमलौकिकम् ।
अव्याकृतं तदव्यक्तं मायाशबलमित्यपि ॥

etaddhi yanmayā proktaṃ mama rūpamalaukikam
avyākṛtaṃ tadavyaktaṃ māyāśabalamityapi

I have spoken to you of the knowledge of my Universal Form. It is also known as Avyākṛta (unmodified), Avyakta (unmanifested), Māyā Śabala (the force or power of Māyā) and various other names.

- 25 -

प्रोच्यते सर्वशास्त्रेषु सर्वकारणकारणम् ।
तत्त्वानामादिभूतं च सच्चिदानन्दविग्रहम् ॥

procyate sarvaśāstreṣu sarvakāraṇakāraṇam
tattvānāmādibhūtaṃ ca saccidānandavigraham

In all the Scriptures it is said to be the Cause of all causes, the Principle which precedes all existence and Saccidānanda Vigraha, the repository of True Existence Consciousness and Bliss.

- 26 -

सर्वकर्मघनीभूतमिच्छाज्ञानक्रियाश्रयम् ।
ह्रीङ्कारमन्त्रवाच्यं तदादितत्त्वं तदुच्यते ॥

sarvakarmaghanībhūtamicchājñānakriyāśrayam
hrīṅkāramantravācyaṃ tadāditattvaṃ taducyate

Where all the actions of all existence are united, and where Icchā Śakti (the energy of Desire), Jñāna Śakti (the energy of Wisdom or intelligence) and Kriyā Śakti (the energy of all action) all take refuge, that is called as the Mantra Hrīṃ, the Primary or Foremost Principle.

- 27 -

तस्मादाकाश उत्पन्नः शब्दतन्मात्ररूपकः ।
भवेत् स्पर्शात्मको वायुस्तेजोरूपात्मकं पुनः ॥

tasmādākāśa utpannaḥ śabdatanmātrarūpakaḥ
bhavet sparśātmako vāyustejorūpātmakaṃ punaḥ

From this Foremost Principle emanates ākāśa (ether), having the subtle property in the form of sound. Then comes forth vāyu (air) with the subtle property in the form of touch. Then comes fire with the subtle property of form.

- 28 -

जलं रसात्मकं पश्चात् ततो गन्धात्मिका धरा ।
शब्दैकगुण आकाशो वायुः स्पर्शरवान्वितः ॥

jalaṃ rasātmakaṃ paścāt tato gandhātmikā dharā
śabdaikaguṇa ākāśo vāyuḥ sparśaravānvitaḥ

Then comes water having the subtle property of taste, and lastly comes earth having the subtle property of smell. Sound is the only quality of ether. Air possesses the two qualities of sound and touch.

- 29 -

शब्द-स्पर्श-रूपगुणं तेज इत्युच्यते बुधैः ।
शब्द-स्पर्श-रूप-रसैरापो वेदगुणाः स्मृताः ॥

śabda-sparśa-rūpaguṇaṃ teja ītyucyate budhaiḥ
śabda-sparśa-rūpa-rasairāpo vedaguṇāḥ smṛtāḥ

Fire has the three qualities of sound, touch and form, which have been declared by the wise. The Vedas remember the four qualities of water as sound, touch, form and taste.

- 30 -

शब्द-स्पर्श-रूप-रस-गन्धैः पञ्चगुणा धरा ।
तेभ्योऽभवन् महत्सूत्रं यल्लिङ्गं परिचक्षते ॥

śabda-sparśa-rūpa-rasa-gandhaiḥ pañcaguṇā dharā
tebhyo-bhavan mahatsūtraṃ yalliṅgaṃ paricakṣate

Earth has the five qualities of sound, touch, form, taste and smell. These (five original elements) give rise to the Sūtra (string or thread of existence), which is known as the Liṅga Deha (subtle body).

- 31 -

सर्वात्मकं तत्सम्प्रोक्तं सूक्ष्मदेहोऽयमात्मनः ।
अव्यक्तं कारणो देहः स चोक्तः पूर्वमेव हि ॥

sarvātmakaṃ tatsamproktaṃ sūkṣmadeho-yamātmanaḥ
avyaktaṃ kāraṇo dehaḥ sa coktaḥ pūrvameva hi

The Universal Soul contains all individual souls; the subtle body expresses this Supreme Consciousness, and the indivisible Causal Body has been in this Union since the beginning of time.

- 32 -

यस्मिन् जगद्बीजरूपं स्थितं लिङ्गोद्भवो यतः ।
ततः स्थूलानि भूतानि पञ्चीकरणमार्गतः ॥

yasmin jagadbījarūpaṃ sthitaṃ liṅgodbhavo yataḥ
tataḥ sthūlāni bhūtāni pañcīkaraṇamārgataḥ

From thence, the form of the seed of perceivable existence which is situated within, the subtle body, issues forth. Then come forth the gross elements, by means of the various combinations of the five original elements in the process called Pañcīkaraṇa (also known as Pañcakṛtya).

- 33 -

पञ्चसङ्ख्यानि जायन्ते तत्प्रकारस्त्वथोच्यते ।
पूर्वोक्तानि च भूतानि प्रत्येकं विभजेद् द्विधा ॥

pañcasaṅkhyāni jāyante tatprakārastvathocyate
pūrvoktāni ca bhūtāni pratyekaṃ vibhajed dvidhā

The process of evolving the five gross elements is now being discussed. Each of the five original elements is divided into two parts.

- 34 -

एकैकं भागमेकस्य चतुर्धा विभजेद् गिरे ।
स्वस्वेतरद्वितीयांशे योजनात् पञ्च पञ्च ते ॥

ekaikaṃ bhāgamekasya caturdhā vibhajed gire
svasvetaradvitīyāṃśe yojanāt pañca pañca te

One part of each is to be set aside, the other part of which is again divided into four parts. The fourth part of each is then united with the half of the four other elements different from it, and thus each gross element is formed.

- 35 -

तत्कार्यं च विराड्देहः स्थूलदेहोऽयमात्मनः ।
पञ्चभूतस्थसत्त्वांशैः श्रोत्रादीनां समुद्भवः ॥

tatkāryaṃ ca virāḍdehaḥ sthūladeho-yamātmanaḥ
pañcabhūtasthasattvāṃśaiḥ śrotrādīnāṃ samudbhavaḥ

From this effect (the five gross elements), the Virāṭ Deha (the Universal Body) is formed, which is the Gross Body of the Supreme Soul. From the Sattva Guṇa (Pure Qualities) of the five elements, the ears and various organs of knowledge issue forth.

- 36 -

ज्ञानेन्द्रियाणां राजेन्द्र प्रत्येकं मिलितैस्तु तैः ।
अन्तःकरणमेकं स्याद् वृत्तिभेदाच्चतुर्विधम् ॥

jñānendriyāṇāṃ rājendra pratyekaṃ militaistu taiḥ
antaḥkaraṇamekaṃ syād vṛttibhedāccaturvidham

From the union of the Jñānedriyas (the five organs of knowledge) comes forth the Antaḥkaraṇa (Inner Cause, comprised of mind, intelligence, recollection and ego). This Inner Cause is divided into four modifications (according to its various functions).

- 37 -

यदा तु सङ्कल्पविकल्पकृत्यं
तदा भवेत् तन्मन इत्यभिख्यम् ।
स्याद् बुद्धिसंज्ञं च यदा प्रवेत्ति
सुनिश्चितं संशयहीनरूपम् ॥

yadā tu saṅkalpavikalpakṛtyaṃ
tadā bhavet tanmana ityabhikhyam
syād buddhisaṃjñaṃ ca yadā pravetti
suniścitaṃ saṃśayahīnarūpam

When engaged in forming Saṅkalpas (a firm determination or definition of an objective; also a positive affirmation) and Vikalpas (doubts or value judgements), it is known as the Man (mind or subjective knowledge). When it contemplates objective knowledge free from doubt, it is called Buddhi (intellect or objective knowledge). When it arrives at a decisive conclusion, free from all hesitation

- 38 -

अनुसन्धानरूपं तच्चित्तं च परिकीर्तितम् ।
अहङ्कृत्यात्मवृत्त्या तु तदहङ्कारतां गतम् ॥

anusandhānarūpaṃ taccittaṃ ca parikīrtitam
ahaṅkṛtyātmavṛttyā tu tadahaṅkāratāṃ gatam

regarding the objective for which it searched, it is called Citta (the objects of Consciousness, both subjective and objective knowledge). And when its modifications make it contemplate, "I am the doer," it is called Ahaṅkāra (ego, the sense of I).

- 39 -

तेषां रजोंशैर्जातानि क्रमात् कर्मेन्द्रियाणि च ।
प्रत्येकं मिलितैस्तैस्तु प्राणो भवति पञ्चधा ॥

teṣāṃ rajoṃśairjātāni kramāt karmendriyāṇi ca
pratyekaṃ militaistaistu prāṇo bhavati pañcadhā

The Rajas Guṇas of the five elements give birth to the Karmendriyas (organs of action) {Jihvā (tongue) Pāṇi (hands) Pada (feet), Pāyu (anus) and Upastha (organs of generation)}. The union of these give birth to the five Prāṇas, breaths, vital airs, winds or life force: Prāṇa (inhalation), Apāna (exhalation), Samāna (equilibrium), Udāna (rising) and Vyāna (defusing).

- 40 -

हृदि प्राणो गुदेऽपानो नाभिस्थस्तु समानकः ।
कण्ठदेशेऽप्युदानः स्याद् व्यानः सर्वशरीरगः ॥

hṛdi prāṇo gude-pāno nābhisthastu samānakaḥ
kaṇṭhadeśe-pyudānaḥ syād vyānaḥ sarvaśarīragaḥ

Prāṇa resides in the heart; Apāna in the anus; Samāna resides in the Navel; Udāna resides in the throat; and the Vyāna resides pervading throughout the body.

- 41 -

ज्ञानेन्द्रियाणि पञ्चैव पञ्च कर्मेन्द्रियाणि च ।
प्राणादिपञ्चकं चैव धिया च सहितं मनः ॥

jñānendriyāṇi pañcaiva pañca karmendriyāṇi ca
prāṇādipañcakaṃ caiva dhiyā ca sahitaṃ manaḥ

Five are the number of Jñānendriyas (organs of knowledge), and five are the number of Karmendriyas (organs of action). Five are the number of vital airs like Prāṇa, etc., and these hold and support the mind.

- 42 -

एतत् सूक्ष्मशरीरं स्यान्मम लिङ्गं यदुच्यते ।
तत्र या प्रकृतिः प्रोक्ता सा राजन् द्विविधा स्मृता ॥

etat sūkṣmaśarīraṃ syānmama liṅgaṃ yaducyate
tatra yā prakṛtiḥ proktā sā rājan dvividhā smṛtā

Thus My Sūkṣma Śarīra (subtle body) arises and it is called
My Liṅga (subtle characteristics). It is there that Prakṛti
(Nature) resides, Her dominion divided into two parts.

- 43 -

सत्त्वात्मिका तु माया स्यादविद्या गुणमिश्रिता ।
स्वाश्रयं या तु संरक्षेत् सा मायेति निगद्यते ॥

sattvātmikā tu māyā syādavidyā guṇamiśritā
svāśrayaṃ yā tu saṃrakṣet sā māyeti nigadyate

One Māyā is the Soul of True Existence, the other is mixed
with knowledge and qualities. It is declared that whoever
takes refuge in Her, She protects them as a Mother (Māyā).

- 44 -

तस्यां यत्प्रतिबिम्बं स्याद्बिम्बभूतस्य चेशितुः ।
स ईश्वरः समाख्यातः स्वाश्रयज्ञानवान् परः ॥

tasyāṃ yatpratibimbaṃ syādbimbabhūtasya ceśituḥ
sa īśvaraḥ samākhyātaḥ svāśrayajñānavān paraḥ

The Supreme Consciousness reflects this Māyā, and thus
reflects all existence. Thus He is called Īśvara (He who per-
ceives All), and there is no greater Wisdom than this refuge.

- 45 -

सर्वज्ञः सर्वकर्ता च सर्वानुग्रहकारकः ।
अविद्यायां तु यत्किञ्चित् प्रतिबिम्बं नगाधिप ॥

sarvajñaḥ sarvakartā ca sarvānugrahakārakaḥ
avidyāyāṃ tu yatkiñcit pratibimbaṃ nagādhipa

He is omniscient, the performer of all action, the cause of bestowing all blessings. Oh Great Mountain, when the ignorance of various kinds is reflected,

- 46 -

तदेव जीवसंज्ञं स्यात् सर्वदुःखाश्रयं पुनः ।
द्वयोरपीह सम्प्रोक्तं देहत्रयमविद्यया ॥

tadeva jīvasaṃjñaṃ syāt sarvaduḥkhāśrayaṃ punaḥ
dvayorapīha samproktaṃ dehatrayamavidyayā

He is known as Jīva (the individual soul or life force), which again is the repository of all pain. By the influence of Vidyā and Avidyā, both (Īśvara and Jīva) have three bodies.

- 47 -

देहत्रयाभिमानाच्चाप्यभून्नामत्रयं पुनः ।
प्राज्ञस्तु कारणात्मा स्यात् सूक्ष्मदेही तु तैजसः ॥

dehatrayābhimānāccāpyabhūnnāmatrayaṃ punaḥ
prājñastu kāraṇātmā syāt sūkṣamadehī tu taijasaḥ

These three bodies are again characterized by their three names. When the Jīva resides in the causal body, it is called Prājña; when it dwells in the subtle body, it is known as Taijasa.

- 48 -

स्थूलदेही तु विश्वाख्यस्त्रिविधः परिकीर्तितः ।
एवमीशोऽपि सम्प्रोक्त ईश-सूत्र-विराट्पदैः ॥

sthūladehī tu viśvākhyastrividhaḥ parikīrtitaḥ
evamīśo-pi samprokta īśa-sūtra-virāṭpadaiḥ

When it resides in the gross body as its third form, it is known as Viśva. In the same way, Īśvara is called Īśa, Sūtra and Virāṭ (in His causal body, subtle body and gross body respectively).

\- 49 -

प्रथमो व्यष्टिरूपस्तु समष्ट्यात्मा परः स्मृतः ।

स हि सर्वेश्वरः साक्षाज्जीवानुग्रहकाम्यया ॥

prathamo vyaṣṭi rūpastu samaṣṭyātmā paraḥ smṛtaḥ
sa hi sarveśvaraḥ sākṣājjīvānugrahakāmyayā

First remember the individual forms, and then the Cosmic Soul and what is beyond. This is the actual Supreme Lord of All, who bestows upon individuals blessings and fulfillment of desires.

\- 50 -

करोति विविधं विश्वं नानाभोगाश्रयं पुनः ।

मच्छक्तिप्रेरितो नित्यं मयि राजन् प्रकल्पितः ॥

karoti vividhaṃ viśvaṃ nānābhogāśrayaṃ punaḥ
macchaktiprerito nityaṃ mayi rājan prakalpitaḥ

He creates the variety of the universe, which again is the residence of various experience. Eternally compelled by My energy, He conceives My dominion.

Chapter 5

श्रीदेव्युवाच

śrīdevyuvāca

The Goddess said:

\- 1 -

मन्मायाशक्तिसङ्क्लृप्तं जगत्सर्वं चराऽचरम् ।

साऽपि मत्तःपृथङ्माया नास्त्येव परमार्थतः ॥

manmāyāśaktisaṅklṛptaṃ jagatsarvaṃ carācaram
sā-pi mattaḥpṛthaṅmāyā nāstyeva paramārthataḥ

My Māyā Śakti creates this entire universe, with objects moving and unmoving. This Māyā is conceived in Me. In reality it is not different or separate from me.

\- 2 -

व्यवहारदृशा सेयं विद्या मायेति विश्रुता ।

तत्त्वदृष्ट्या तु नास्त्येव तत्त्वमेवाऽस्ति केवलम् ॥

vyavahāradṛśā seyaṃ vidyā māyeti viśrutā
tattvadṛṣṭyā tu nāstyeva tattvamevā-sti kevalam

Judging by the perceptions of behavior, it is called vidyā (knowledge) or Māyā (illusion), but perceiving from the reality of the Supreme Principle, in truth, only One Supreme Principle exists.

\- 3 -

साऽहं सर्वं जगत् सृष्ट्वा तदन्तः प्रविशाम्यहम् ।

मायाकर्मादिसहिता गिरे प्राणपुरःसरा ॥

sā-haṃ sarvaṃ jagat sṛṣṭvā tadantaḥ praviśāmyaham
māyākarmādisahitā gire prāṇapuraḥsarā

This is I, the entire perceivable creation and dissolution as well. Oh Mountain, united with Māyā and the various actions, I enter within as the life force.

- 4 -

लोकान्तरगतिर्नो चेत् कथं स्यादिति हेतुना ।
यथा यथा भवन्त्येव मायाभेदास्तथा तथा ॥

lokāntaragatirno cet katham syāditi hetunā
yathā yathā bhavantyeva māyābhedāstathā tathā

If I did not reside within all beings as the substance called as Consciousness, how shall we describe continuous becoming and the various distinctions of Māyā?

- 5 -

उपाधिभेदाद्भिन्नाऽहं घटाकाशादयो यथा ।
उच्चनीचादिवस्तूनि भासयन् भास्करः सदा ॥

upādhibhedādbhinnā-haṃ ghaṭākāśādayo yathā
uccanīcādivastūni bhāsayan bhāskaraḥ sadā

I appear to be many because of the distinctions in attributes. These differentiate between limited space and unlimited space, objects which are high or low, the Illuminator from the illuminated.

- 6 -

न दुष्यति तथैवाऽहं दोषैर्लिप्ता कदाऽपि न ।
मयि बुद्ध्यादिकर्तृत्वमध्यस्यैवाऽपरे जनाः ॥

na duṣyati tathaivā-haṃ doṣairliptā kadā-pi na
mayi buddhyādikartṛtvamadhyasyaivā-pare janāḥ

I am not the performer of evil, nor am I ever connected with any fault or error. People ascribe buddhi (intelligence) and other attributes of activity to Me.

- 7 -

वदन्ति चाऽऽत्मा कर्मेति विमूढा न सुबुद्धयः ।
अज्ञानभेदतस्तद्वन्मायाया भेदतस्तथा ॥

vadanti cā--tmā karmeti vimūḍhā na subuddhayaḥ
ajñānabhedatastadvanmāyāyā bhedatastathā

They say that the Soul is the Performer of action. This is thought by the foolish and not the wise. Thus the ignorance of duality creates two distinctions in Māyā.

- 8 -

जीवेश्वरविभागश्च कल्पितो माययैव तु ।
घटाकाशमहाकाशविभागः कल्पितो यथा ॥

jīveśvaravibhāgaśca kalpito māyayaiva tu
ghaṭākāśamahākāśavibhāgaḥ kalpito yathā

Jīva and Īśvara are the two divisions conceived in Māyā, just as contained or enclosed space is distinguished from unlimited space.

- 9 -

तथैव कल्पितो भेदो जीवात्मपरमात्मनोः ।
यथा जीवबहुत्वं च माययैव न च स्वतः ॥

tathaiva kalpito bhedo jīvātmaparamātmanoḥ
yathā jīvabahutvaṃ ca māyayaiva na ca svataḥ

In the same way the individual souls are conceived as separate from the Supreme Soul, and the individual souls are thought to be many, while Māyā is One with its own Self.

- 10 -

तथेश्वरबहुत्वं च मायया न स्वभावतः ।
देहेन्द्रियादिसङ्घातवासनाभेदभेदिता ॥

tatheśvarabahutvaṃ ca māyayā na svabhāvataḥ
dehendriyādisaṅghātavāsanābhedabheditā
There cannot be many Īśvaras because this is not within the intrinsic nature of Māyā. Differences only exist in bodies, organs and various attributes.

\- 11 -

अविद्या जीवभेदस्य हेतुर्नान्यः प्रकीर्तितः ।
गुणानां वासनाभेदभेदिता या धराधर ॥

avidyā jīvabhedasya heturnānyaḥ prakīrtitaḥ
guṇānāṃ vāsanābhedabheditā yā dharādhara
Ignorance is the cause of the apparent differences in Jīvas and nothing else. The variations in the three Guṇas (qualities of nature) and the distinctions in their intrinsic natures support the world.

\- 12 -

माया सा परभेदस्य हेतुर्नान्यः कदाचन ।
मयि सर्वमिदं प्रोतमोतं च धरणीधर ॥

māyā sā parabhedasya heturnānyaḥ kadācana
mayi sarvamidaṃ protamotaṃ ca dharaṇīdhara
Māyā is the Supreme indivisible existence, and certainly there is no other. All existence is interwoven in Me, and I support all that is supported.

\- 13 -

ईश्वरोऽहं च सूत्रात्मा विराडात्माऽहमस्मि च ।
ब्रह्माऽहं विष्णुरुद्रौ च गौरी ब्राह्मी च वैष्णवी ॥

īśvaro-haṃ ca sūtrātmā virāḍātmā-hamasmi ca
brahmā-haṃ viṣṇurudrau ca gaurī brāhmī ca vaiṣṇavī
I am Īśvara (in the causal body); I am the Sūtrātmā (in the subtle body); and I am Virāṭ (in the gross body). I am Brahmā, Viṣṇu and Rudra. I am their partners Gaurī, Brāhmī and Vaiṣṇavī.

- 14 -

सूर्योऽहं तारकाश्चाऽहं तारकेशस्तथाऽस्म्यहम् ।
पशुपक्षिस्वरूपाऽहं चाण्डालोऽहं च तस्करः ॥

sūryo-haṃ tārakāścā-haṃ tārakeśastathā-smyaham
paśupakṣisvarūpā-haṃ cāṇḍālo-haṃ ca taskaraḥ

I am the Sun, and I am the Moon. I am the Stars, and I am the intrinsic nature of beasts, birds, Cāṇḍālas, and even I am the thief.

- 15 -

व्याधोऽहं क्रूरकर्माऽहं सत्कर्माऽहं महाजनः ।
स्त्रीपुंनपुंसकाकारोऽप्यहमेव न संशयः ॥

vyādho-haṃ krūrakarmā-haṃ satkarmā-haṃ mahājanaḥ
strīpuṃnapuṃsakākāro-pyahameva na saṃśayaḥ

I am the hunter, the performer of cruel actions. I am the performer of harmonious and truthful actions, and the virtuous great souls. I am the female, the male and the one of no sex. Of this there is no doubt.

- 16 -

यच्च किञ्चित् क्वचिद्वस्तु दृश्यते श्रूयतेऽपि वा ।
अन्तर्बहिश्च तत्सर्वं व्याप्याऽहं सर्वदा स्थिता ॥

yacca kiñcit kvacidvastu dṛśyate śrūyate-pi vā
antarbahiśca tatsarvaṃ vyāpyā-haṃ sarvadā sthitā

Whatever exists, anything that can be seen or heard, I am present there, both within and without. In every individual phenomonon of existence, there I eternally reside.

- 17 -

न तदस्ति मया त्यक्तं वस्तु किञ्चिच्चराऽचरम् ।
यद्यस्ति चेत्तच्छून्यं स्याद्वन्ध्यापुत्रोपमं हि तत् ॥

na tadasti mayā tyaktaṃ vastu kiñciccarā-caram
yadyasti cettacchūnyaṃ syādvandhyāputropamaṃ hi tat
There is nothing in existence, whether moving or unmoving, that can exist without Me. If one were to postulate the perception of such an existence, it is like the son of a barren woman (a logical fallacy and total impossibility).

- 18 -

रज्जुर्यथा सर्पमालाभेदैरेका विभाति हि ।
तथैवेशादिरूपेण भाम्यहं नाऽत्र संशयः ॥

rajjuryathā sarpamālābhedairekā vibhāti hi
tathaiveśādirūpeṇa bhāmyahaṃ nā-tra saṃśayaḥ
Just as a rope may be mistaken for a coiled snake, in the same way, I appear in various forms as the Ruler of All, and others. Of this there is no doubt.

- 19 -

अधिष्ठानातिरेकेण कल्पितं तन्न भासते ।
तस्मान्मत्सत्तयैवैतत् सत्तावन्नान्यथा भवेत् ॥

adhiṣṭhānātirekeṇa kalpitaṃ tanna bhāsate
tasmānmatsattayaivaitat sattāvannānyathā bhavet
Existence cannot be conceived without a substratum, and My Being is the substratum of all. There can be no other.

हिमालय उवाच

himālaya uvāca
Himālaya said:

- 20 -

यथा वदसि देवेशि समष्ट्यात्मवपुस्त्विदम् ।
तथैव द्रष्टुमिच्छामि यदि देवि कृपा मयि ॥

yathā vadasi deveśi samaṣṭyātmavapustvidam
tathaiva draṣṭumicchāmi yadi devi kṛpā mayi

Oh Supreme Ruler of the Gods, You speak of the Universal Soul of Existence. Oh Goddess, if You would show me Your grace, I desire to see this.

व्यास उवाच

vyāsa uvāca
Vyāsa said:

- 21 -

इति तस्य वचः श्रुत्वा सर्वे देवाः सविष्णवः ।
ननन्दुर्मुदितात्मानः पूजयन्तश्च तद्वचः ॥

iti tasya vacaḥ śrutvā sarve devāḥ saviṣṇavaḥ
nanandurmuditātmānaḥ pūjayantaśca tadvacaḥ
Hearing these words of request, Viṣṇu and all the other Gods agreed with him with great felicity.

- 22 -

अथ देवमतं ज्ञात्वा भक्तकामदुघा शिवा ।
अदर्शयन् निजं रूपं भक्तकामप्रपूरिणी ॥

atha devamataṃ jñātvā bhaktakāmadughā śivā
adarśayan nijaṃ rūpaṃ bhaktakāmaprapūriṇī
Then the Goddess of Goodness, who is like a milk-cow to fulfill the desires of devotees, knowing the wish of the Gods, showed Her own imperceivable form, in order to fulfill the desires of their devotion.

- 23 -

अपश्यंस्ते महादेव्या विराड्रूपं परात्परम् ।
द्यौर्मस्तकं भवेद्यस्य चन्द्रसूर्यौ च चक्षुषी ॥

apaśyaṃste mahādevyā virāḍrūpaṃ parātparam
dyaurmastakaṃ bhavedyasya candrasūryau ca cakṣuṣī

They saw the Great Goddess in the highest and greatest perceivable form (Virāṭ). Heaven is Her head, and the Sun and the Moon are Her eyes.

- 24 -

दिशः श्रोत्रे वचो वेदाः प्राणो वायुः प्रकीर्तितः ।
विश्वं हृदयमित्याहुः पृथिवी जघनं स्मृतम् ॥

diśaḥ śrotre vaco vedāḥ prāṇo vāyuḥ prakīrtitaḥ
viśvaṃ hṛdayamityāhuḥ pṛthivī jaghanaṃ smṛtam

The directions are Her ears, the Vedas are Her words and the wind is known as Her breath. The Universe is Her Heart, and the earth is the lower part of Her legs or calves.

- 25 -

नभस्तलं नाभिसरो ज्योतिश्चक्रमुरःस्थलम् ।
महर्लोकस्तु ग्रीवा स्याज्जनो लोको मुखं स्मृतम् ॥

nabhastalaṃ nābhisaro jyotiścakramuraḥsthalam
maharlokastu grīvā syājjano loko mukhaṃ smṛtam

The atmosphere is Her navel, and the circles of light or asterisms are Her thighs. The Mahaḥ loka (the fourth level of Consciousness known as the cosmic or Infinite perceivable existence) is Her neck, and the Janaḥ loka (the fifth level of Consciousness known as the Infinite body of knowledge) is Her face.

- 26 -

तपोलोको रराटिस्तु सत्यलोकादधः स्थितः ।
इन्द्रादयो बाहवः स्युः शब्दः श्रोत्रं महेशितुः ॥

tapoloko rarāṭistu satyalokādadhaḥ sthitaḥ
indrādayo bāhavaḥ syuḥ śabdaḥ śrotraṃ maheśituḥ

The Tapaḥ loka (the sixth level of Consciousness known as the Infinite body of light) is Her forehead, situated just below the Satya loka (the seventh level of Consciousness known as the Infinite body of Truth, otherwise called Saccitānanda, True Existence, Consciousness, Bliss). Indra is in Her two arms, and sound is in the ear of the Great Ruler of All.

- 27 -

नासत्यदस्रौ नासे स्तो गन्धो घ्राणं स्मृतो बुधैः ।
मुखमग्निः समाख्यातो दिवारात्री च पक्ष्मणी ॥

nāsatyadasrau nāse sto gandho ghrāṇaṃ smṛto budhaiḥ
mukhamagniḥ samākhyāto divārātrī ca pakṣmaṇī

The Aśvin twins (Nāsatyadasrau) are situated in Her nose, and scent is remembered as the knowledge of the organ of smell. Fire is in Her mouth, and day and night are like Her two wings.

- 28 -

ब्रह्मस्थानं भ्रूविजृम्भोऽप्यापस्तालुः प्रकीर्तिताः ।
रसो जिह्वा समाख्याता यमो दंष्ट्राः प्रकीर्तिताः ॥

brahmasthānaṃ bhrūvijṛmbho-pyāpastāluḥ prakīrtitāḥ
raso jihvā samākhyātā yamo daṃṣṭrāḥ prakīrtitāḥ

Brahmā is situated in Her eyebrows, water is famous on Her palate. Nectar is on Her tongue, and Yama, the God of Death, is famous as Her large teeth.

- 29 -

दन्ताः स्नेहकला यस्य हासो माया प्रकीर्तिता ।
सर्गस्त्वपाङ्गमोक्षः स्याद् व्रीडोर्ध्वोष्ठो महेशितुः ॥

dantāḥ snehakalā yasya hāso māyā prakīrtitā
sargastvapāṅgamokṣaḥ syād vrīḍordhvoṣṭho maheśituḥ

Love is in Her teeth, Māyā is in Her smile. The entire creation is in Her side glances along with liberation, and modesty is on Her upper lip.

- 30 -

लोभः स्यादधरोष्ठोऽस्या धर्ममार्गस्तु पृष्ठभूः ।

प्रजापतिश्च मेढ्रं स्याद्यः स्रष्टा जगतीतले ॥

lobhaḥ syādadharoṣṭho-syā dharmamārgastu pṛṣṭhabhūḥ
prajāpatiśca meḍhraṃ syādyaḥ sraṣṭā jagatītale

Gain is on Her lower lip, the path of Ideal Action is at Her back. Prajāpati, Lord of all beings born, is at Her organ of generation, the Creator of the Perceivable Universe.

- 31 -

कुक्षिः समुद्रा गिरयोऽस्थीनि देव्या महेशितुः ।

नद्यो नाड्यः समाख्याता वृक्षाः केशाः प्रकीर्तिताः ॥

kukṣiḥ samudrā girayo-sthīni devyā maheśituḥ
nadyo nāḍyaḥ samākhyātā vṛkṣāḥ keśāḥ prakīrtitāḥ

The oceans are Her hips, the mountains are Her bones, the rivers are Her veins, the trees are the hairs of Her body.

- 32 -

कौमारयौवनजरावयोऽस्य गतिरुत्तमा ।

बलाहकास्तु केशाः स्युः सन्ध्ये ते वाससी विभोः ॥

kaumārayauvanajarāvayo-sya gatiruttamā
balāhakāstu keśāḥ syuḥ sandhye te vāsasī vibhoḥ

Childhood, youth and old age are Her best positions, clouds are Her handsome hair. The two junctions between day and night shine forth as Her clothing.

- 33 -

राजञ्छ्रीजगदम्बायाश्चन्द्रमास्तु मनः स्मृतः ।

विज्ञानशक्तिस्तु हरी रुद्रोऽन्तःकरणं स्मृतम् ॥

rājañchrījagadambāyāścandramāstu manaḥ smṛtaḥ
vijñānaśaktistu harī rudro-ntaḥkaraṇaṃ smṛtam

Oh King, the Moon is remembered as the mind of the Mother of the three worlds. Hari (Viṣṇu) is Her Vijñāna Śakti (the power of applied knowledge) and Rudra (Śiva) is remembered as the Ultimate Cause.

- 34 -

अश्वादिजातयः सर्वाः श्रोणिदेशे स्थिता विभोः ।
अतलादिमहालोकाः कट्यधोभागतां गताः ॥

aśvādijātayaḥ sarvāḥ śroṇideśe sthitā vibhoḥ
atalādimahālokāḥ kaṭyadhobhāgatāṃ gatāḥ

Horses and all the other animals are situated in Her hips, and the great lower regions such as Atala, etc., are the regions from Her waist downwards.

- 35 -

एतादृशं महारूपं ददृशुः सुरपुङ्गवाः ।
ज्वालामालासहस्राढ्यं लेलिहानं च जिह्वया ॥

etādṛśaṃ mahārūpaṃ dadṛśuḥ surapuṅgavāḥ
jvālāmālāsahasrāḍhyaṃ lelihānaṃ ca jihvayā

The Gods became paralyzed upon beholding this Great Form. She was wearing a garland consisting of thousands of rays of light. Her tongue was hanging out

- 36 -

दंष्ट्राकटकटारावं वमन्तं वह्निमक्षिभिः ।
नानायुधधरं वीरं ब्रह्मक्षत्रौदनं च यत् ॥

daṃṣṭrākaṭakaṭārāvaṃ vamantaṃ vahnimakṣibhiḥ
nānāyudhadharaṃ vīraṃ brahmakṣatraudanaṃ ca yat

exposing Her sharp gleeming teeth. Fire filled Her eyes as She held various weapons in Her hands like a Great Warrior, overpowering even Brahmins and Kṣatriyas.

- 37 -

सहस्रशीर्षनयनं सहस्रचरणं तथा ।

कोटिसूर्यप्रतीकाशं विद्युत्कोटिसमप्रभम् ॥

sahasraśīrṣanayanaṃ sahasracaraṇaṃ tathā
koṭisūryapratīkāśaṃ vidyutkoṭisamaprabham

She has thousands of heads, thousands of eyes and thousands of feet as well. She radiates the illlumination of ten million Suns and ten million flashes of lightning.

- 38 -

भयङ्करं महाघोरं हृदक्ष्णोस्त्रासकारकम् ।

ददृशुस्ते सुराः सर्वे हाहाकारं च चक्रिरे ॥

bhayaṅkaraṃ mahāghoraṃ hṛdakṣṇostrāsakārakam
dṛdṛśuste surāḥ sarve hāhākāraṃ ca cakrire

When the Gods beheld that terrifying appearance, their hearts were agitated, and they began to utter cries of consternation.

- 39 -

विकम्पमानहृदया मूर्च्छामापुर्दुरत्ययाम् ।

स्मरणं च गतं तेषां जगदम्बेयमित्यपि ॥

vikampamānahṛdayā mūrcchāmāpurduratyayām
smaraṇaṃ ca gataṃ teṣāṃ jagadambeyamityapi

Their hearts trembled and they became unconscious. The memory fled from them that this is the Mother of the Perceivable Universe.

- 40 -

अथ ते ये स्थिता वेदाश्चतुर्दिक्षु महाविभोः ।
बोधयामासुरत्युग्रं मूर्च्छातो मूर्च्छितान् सुरान् ॥

atha te ye sthitā vedāścaturdikṣu mahāvibhoḥ
bodhayāmāsuratyugraṃ mūrcchāto mūrcchitān surān

Then the Vedas filled the four directions with their great manifestation. Bestowing knowledge upon the Gods, from unconsciousness they were made conscious.

- 41 -

अथ ते धैर्यमालम्ब्य लब्ध्वा च श्रुतिमुत्तमाम् ।
प्रेमाश्रुपूर्णनयना रुद्धकण्ठास्तु निर्जराः ॥

atha te dhairyamālambya labdhvā ca śrutimuttamām
premāśrupūrṇanayanā ruddhakaṇṭhāstu nirjarāḥ

Then the entire heavens were filled with the excellent sounds of worship performed with the tears of love completely filling their eyes, and their throats choked with feelings.

- 42 -

बाष्पगद्गदया वाचा स्तोतुं समुपचक्रिरे ।

bāṣpagadgadayā vācā stotuṃ samupacakrire

With streams of tears flowing, those voices uttered songs of prayer.

देवा ऊचुः

devā ūcuḥ

The Gods said:

अपराधं क्षमस्वाऽम्ब पाहि दीनांस्त्वदुद्भवान् ॥

aparādhaṃ kṣamasvā-mba pāhi dīnāṃstvadudbhavān

Oh Mother, forgive all our faults and protect those in distress, for all have been born from You.

- 43 -

कोपं संहर देवेशि सभया रूपदर्शनात् ।
का ते स्तुतिः प्रकर्तव्या पामरैर्निर्जरैरिह ॥

kopaṃ saṃhara deveśi sabhayā rūpadarśanāt
kā te stutiḥ prakartavyā pāmarairnirjarairiha

Withdraw your anger, oh Supreme of the Gods. We are filled with fear to see this form. How can we sing praises to You, when even You, Yourself, cannot measure Your limits?

- 44 -

स्वस्याप्यज्ञेय एवाऽसौ यावान् यश्च स्वविक्रमः ।
तदर्वाग्जायमानानां कथं स विषयो भवेत् ॥

svasyāpyajñeya evā-sau yāvān yaśca svavikramaḥ
tadarvāgjāyamānānāṃ kathaṃ sa viṣayo bhavet

Only Your own self has knowledge of how much is this force of transformation. What words of praise can be spoken by those who have manifested from You?

- 45 -

नमस्ते भुवनेशानि नमस्ते प्रणवात्मिके ।
सर्ववेदान्तसंसिद्धे नमो ह्रीङ्कारमूर्तये ॥

namaste bhuvaneśāni namaste praṇavātmike
sarvavedāntasaṃsiddhe namo hrīṅkāramūrtaye

We bow down to You, Supreme of Existence. We bow down to You, the Soul of the Praṇava Oṃ. You are the One who is the perfection of Vedānta. We bow down to You, the divine image of (the bīja mantra) Hrīṃ (Māyā).

- 46 -

यस्मादग्निः समुत्पन्नो यस्मात् सूर्यश्च चन्द्रमाः ।
यस्मादोषधयः सर्वास्तस्मै सर्वात्मने नमः ॥

yasmādagniḥ samutpanno yasmāt sūryaśca candramāḥ
yasmādoṣadhayaḥ sarvāstasmai sarvātmane namaḥ

From whence Fire has his origins, as well as the Sun and the Moon. From whence arises all vegetation. Therefore, we bow down to the Universal Soul of all.

- 47 -

यस्माच्च देवाः सम्भूताः साध्याः पक्षिण एव च ।
पशवश्च मनुष्याश्च तस्मै सर्वात्मने नमः ॥

yasmācca devāḥ sambhūtāḥ sādhyāḥ pakṣiṇa eva ca
paśavaśca manuṣyāśca tasmai sarvātmane namaḥ

From whence all the Gods have taken birth, all divine or celestial beings, birds, beasts and men. Therefore, we bow down to the Universal Soul of all.

- 48 -

प्राणापानौ व्रीहियवौ तपः श्रद्धा ऋतं तथा ।
ब्रह्मचर्यं विधिश्चैव यस्मात् तस्मै नमो नमः ॥

prāṇāpānau vrīhiyavau tapaḥ śraddhā ṛtaṃ tathā
brahmacaryaṃ vidhiścaiva yasmāt tasmai namo namaḥ

The vital breaths Prāṇa and Apāna, grains of rice and barley, purifying austerities, faith, truth, sacred studies, and the rules of conduct: therefore, we bow down to the Universal Soul of all.

- 49 -

सप्त प्राणार्चिषो यस्मात् समिधः सप्त एव च ।
होमाः सप्त तथा लोकास्तस्मै सर्वात्मने नमः ॥

sapta prāṇārciṣo yasmāt samidhaḥ sapta eva ca
homāḥ sapta tathā lokāstasmai sarvātmane namaḥ
From whence originate the seven forms of life, the seven kinds of offerings, the seven sacred fires, and the seven Lokas or planes of existence. Therefore, we bow down to the Universal Soul of all.

- 50 -

यस्मात् समुद्रा गिरयः सिन्धवः प्रचरन्ति च ।
यस्मादोषधयः सर्वा रसास्तस्मै नमो नमः ॥

yasmāt samudrā girayaḥ sindhavaḥ pracaranti ca
yasmādoṣadhayaḥ sarvā rasāstasmai namo namaḥ
From whence come forth the oceans, the mountains, the rivers, all vegetation and the tastes of all things. Therefore, we bow down to the Universal Soul of all.

- 51 -

यस्माद्यज्ञः समुद्भूतो दीक्षा यूपश्च दक्षिणा ।
ऋचो यजूंषि सामानि तस्मै सर्वात्मने नमः ॥

yasmādyajñaḥ samudbhūto dīkṣā yūpaśca dakṣiṇā
ṛco yajūṃṣi sāmāni tasmai sarvātmane namaḥ
From whence originate sacrifice, dīkṣā (initiation), obstructions, offerings of respect to teachers and Gurus, the Ṛg, the Yajū, and the Sāma Vedas. Therefore, we bow down to the Universal Soul of all.

- 52 -

नमः पुरस्तात् पृष्ठे च नमस्ते पार्श्वयोर्द्वयोः ।
अध ऊर्ध्वं चतुर्दिक्षु मातर्भूयो नमो नमः ॥

namaḥ purastāt pṛṣṭhe ca namaste pārśvayordvayoḥ
adha ūrdhvaṃ caturdikṣu mātarbhūyo namo namaḥ
We bow down to Your front and to Your back. We bow down to both of Your sides. Above and below and in all four directions, Mother of the Universe, we bow, we bow.

- 53 -

उपसंहर देवेशि रूपमेतदलौकिकम् ।
तदेव दर्शयाऽस्माकं रूपं सुन्दरसुन्दरम् ॥

upasaṃhara deveśi rūpametadalaukikam
tadeva darśayā-smākaṃ rūpaṃ sundarasundaram

Oh Supreme of the Gods, please withdraw this incomparable (infinite) form, and show us the form most beautiful among the beautiful.

व्यास उवाच

vyāsa uvāca

Vyāsa said:

- 54 -

इति भीतान् सुरान् दृष्ट्वा जगदम्बा कृपार्णवा ।
संहृत्य रूपं घोरं तद्दर्शयामास सुन्दरम् ॥

iti bhītān surān dṛṣṭvā jagadambā kṛpārṇavā
saṃhṛtya rūpaṃ ghoraṃ taddarśayāmāsa sundaram

Thus seeing that the Gods were filled with alarm, the Mother of the Universe, the Ocean of Grace, withdrew Her fearful form and showed a most beautiful appearance.

- 55 -

पाशाङ्कुशवराभीतिधरं सर्वाङ्गकोमलम् ।
करुणापूर्णनयनं मन्दस्मितमुखाम्बुजम् ॥

pāśāṅkuśavarābhītidharaṃ sarvāṅgakomalam
karuṇāpūrṇanayanaṃ mandasmitamukhāmbujam

(In two of Her hands) She held a noose (or implement of bondage, often a snake), and a goad (often a curved sword). (The two other hands) showed mudrās to grant boons and to dispel all fear. Her body was soft and gentle. Her eyes were filled with kindness, while Her face was adorned with a beautiful smile.

- 56 -

दृष्ट्वा तत् सुन्दरं रूपं तदा भीतिविवर्जिताः ।
शान्तचित्ताः प्रणेमुस्ते हर्षगद्गदनिःस्वनाः ॥

dṛṣṭvā tat sundaraṃ rūpaṃ tadā bhītivivarjitāḥ
śāntacittāḥ praṇemuste harṣagadgadaniḥsvanāḥ

Seeing that beautiful form, all distress was removed. With all Consciousness filled with Peace, the Gods bowed down to Her with great delight.

Chapter 6

श्रीदेव्युवाच

śrīdevyuvāca

The Goddess said (to the Gods):

- 1 -

क्व यूयं मन्दभाग्या वै क्वेदं रूपं महाद्भुतम् ।
तथापि भक्तवात्सल्यादीदृशं दर्शितं मया ॥

kva yūyaṃ mandabhāgyā vai
kvedaṃ rūpaṃ mahādbhutam
tathāpi bhaktavātsalyādīdṛśaṃ darśitaṃ mayā

Who is so fortunate as to see this greatly wonderful cosmic form? This capacity to have perceived Me is only attained through sincere devotion.

- 2 -

न वेदाध्ययनैर्योगैर्न दानैस्तपसेज्यया ।
रूपं द्रष्टुमिदं शक्यं केवलं मत्कृपां विना ॥

na vedādhyayanairyogairna dānaistapasejyayā
rūpaṃ draṣṭumidaṃ śakyaṃ kevalaṃ matkṛpāṃ vinā

Not the study of the Vedas, nor the practice of Yoga, nor the giving of gifts, nor purifying austerities can make My inconceivable form perceivable. Only through My Grace can this form be seen.

- 3 -

प्रकृतं शृणु राजेन्द्र परमात्माऽत्र जीवताम् ।
उपाधियोगात् सम्प्राप्तः कर्तृत्वादिकमप्युत ॥

prakṛtaṃ śṛṇu rājendra paramātmā-tra jīvatām
upādhiyogāt samprāptaḥ kartṛtvādikamapyuta

Oh Lord of Kings, listen. The Supreme Soul becomes an Individual Soul because of His Nature. By union with attributes (Upādhis) he thinks himself to be an actor, enjoyer, etc.

- 4 -

क्रियाः करोति विविधा धर्माधर्मैकहेतवः ।
नानायोनीस्ततः प्राप्य सुखदुःखैश्च युज्यते ॥

kriyāḥ karoti vividhā dharmādharmaikahetavaḥ
nānāyonīstataḥ prāpya sukhaduḥkhaiśca yujyate

He performs various actions of Dharma (manifesting the ideal) and Adharma (in derogation of the ideal), and attains birth in various wombs, experiencing pleasure or pain accordingly.

- 5 -

पुनस्तत्संस्कृतिवशान्नानाकर्मरतः सदा ।
नानादेहान् समाप्नोति सुखदुःखैश्च युज्यते ॥

punastatsaṃskṛtivaśānnānākarmarataḥ sadā
nānādehān samāpnoti sukhaduḥkhaiśca yujyate

Again, because of all actions performed during these births, he collects numerous tendencies, which cause him to wear various bodies without end, and always he experiences pleasures and pains.

- 6 -

घटीयन्त्रवदेतस्य न विरामः कदापि हि ।
अज्ञानमेव मूलं स्यात् ततः कामः क्रियास्ततः ॥

ghaṭīyantravadetasya na virāmaḥ kadāpi hi
ajñānameva mūlaṃ syāt tataḥ kāmaḥ kriyāstataḥ

This cycle of (births and deaths) continues with the regularity of time (literally, with the regularity of a water-wheel) without cessation. Ignorance is the root of this, from which arises Desire, and action must follow.

- 7 -

तस्मादज्ञाननाशाय यतेत नियतं नरः ।
एतद्धि जन्मसाफल्यं यदाऽज्ञानस्य नाशनम् ॥

tasmādajñānanāśāya yateta niyataṃ naraḥ
etaddhi janmasāphalyaṃ yadā-jñānasya nāśanam

Thus humanity should eternally attempt to destroy Ignorance. Life has succeeded in attainment of perfection when Ignorance has been destroyed.

- 8 -

पुरुषार्थसमाप्तिश्च जीवन्मुक्तदशापि च ।
अज्ञाननाशने शक्ता विद्यैव तु पटीयसी ॥

puruṣārthasamāptiśca jīvanmuktadaśāpi ca
ajñānanāśane śaktā vidyaiva tu paṭīyasī

The highest goal is attained by an individual soul when he becomes liberated during his manifested existence. And Knowledge is the only thing that has the capability to destroy Ignorance.

- 9 -

न कर्म तज्जं नोपास्तिर्विरोधाभावतो गिरे ।
प्रत्युताशाऽज्ञाननाशे कर्मणा नैव भाव्यताम् ॥

na karma tajjaṃ nopāstirvirodhābhāvato gire
pratyutāśā-jñānanāśe karmaṇā naiva bhāvyatām

Oh Mountain, the actions performed in the presence of Ignorance can only again create Ignorance. Such actions cannot destroy Ignorance. Then it cannot be anticipated that Ignorance can be destroyed by actions.

- 10 -

अनर्थदानि कर्माणि पुनः पुनरुशन्ति हि ।
ततो रागस्ततो दोषस्ततोऽनर्थो महान् भवेत् ॥

anarthadāni karmāṇi punaḥ punaruśanti hi
tato rāgastato doṣastato-nartho mahān bhavet
Again, actions do not give this effect (of destroying ignorance). Again and again some result is desired from action. Attachment arises from desire, and some fault will make the attainment fall short of perfection.

- 11 -

तस्मात् सर्वप्रयत्नेन ज्ञानं सम्पादयेन्नरः ।
कुर्वन्नेवेह कर्माणीत्यतः कर्माप्यवश्यकम् ॥

tasmāt sarvaprayatnena jñānaṃ sampādayennaraḥ
kurvanneveha karmāṇītyataḥ karmāpyavaśyakam
Therefore, humanity should put forth every effort to attain Wisdom. Since action is mandated for existence, therefore all are bound to act.

- 12 -

ज्ञानादेव हि कैवल्यमतः स्यात् तत्समुच्चयः ।
सहायतां व्रजेत् कर्म ज्ञानस्य हितकारि च ॥

jñānādeva hi kaivalyamataḥ syāt tatsamuccayaḥ
sahāyatāṃ vrajet karma jñānasya hitakāri ca
The ultimate liberation rises only from Wisdom. Therefore action with Wisdom is a helper in the path of liberation.

- 13 -

इति केचिद्वदन्त्यत्र तद्विरोधान्न सम्भवेत् ।
ज्ञानाद् हृद्ग्रन्थिभेदः स्यात्हृद्ग्रन्थौ कर्मसम्भवः ॥

iti kecidvadantyatra tadvirodhānna sambhavet
jñānādhṛdgranthibhedaḥ syāthṛdgranthaukarmasambhavaḥ
Thus some say that (Wisdom and Action) cannot be in opposition. Wisdom cuts the knots of the heart, while Action makes this possible.

- 14 -

यौगपद्यं न सम्भाव्यं विरोधात् तु ततस्तयोः ।
तमः प्रकाशयोर्यद्वद्यौगपद्यं न सम्भवि ॥

yaugapadyaṃ na sambhāvyaṃ virodhāt tu tatastayoḥ
tamaḥ prakāśayoryadvadyaugapadyaṃ na sambhavi

It is not possible for opposites to be effective simultaneously. It is not possible for Darkness and Light to exist simultaneously. (Therefore, Wisdom and Action cannot be in opposition.)

- 15 -

तस्मात् सर्वाणि कर्माणि वैदिकानि महामते ।
चित्तशुद्ध्यन्तमेव स्युस्तानि कुर्यात् प्रयत्नतः ॥

tasmāt sarvāṇi karmāṇi vaidikāni mahāmate
cittaśuddhyantameva syustāni kuryāt prayatnataḥ

Therefore, all Actions should be performed with Wisdom to the best of one's ability, until Citta Śuddhi (the purification of Consciousness) is attained.

- 16 -

शमो दमस्तितिक्षा च वैराग्यं सत्त्वसम्भवः ।
तावत् पर्यन्तमेव स्युः कर्माणि न ततः परम् ॥

śamo damastitikṣā ca vairāgyaṃ sattvasambhavaḥ
tāvat paryantameva syuḥ karmāṇi na tataḥ param

Śama (Inner Peace), Dama (Compassion), Titikṣa (to be beyond duality), Vairāgyam (indifference or freedom from attachment), Sattva Saṃbhava (the establishment of Truth within); until these are entirely attained, there is nothing greater than Action.

- 17 -

तदन्ते चैव संन्यस्य संश्रयेद् गुरुमात्मवान् ।
श्रोत्रियं ब्रह्मनिष्ठं च भक्त्या निर्व्याजिया पुनः ॥

tadante caiva saṃnyasya saṃśrayed gurumātmavān
śrotriyaṃ brahmaniṣṭhaṃ ca bhaktyā nirvyājayā punaḥ

Only after this attainment, may one be a Saṃnyāsin (renunciate). Such a one should take refuge with a Guru in communion with his own soul, who knows the three Vedas (śrotriya), who is efficient in the practices of union with the Supreme, who is devoted, who is free from all deception.

- 18 -

वेदान्तश्रवणं कुर्यान्नित्यमेवमतन्द्रितः ।
तत्त्वमस्यादिवाक्यस्य नित्यमर्थं विचारयेत् ॥

vedāntaśravaṇaṃ kuryānnityamevamatandritaḥ
tattvamasyādivākyasya nityamarthaṃ vicārayet

There he should listen to the Wisdom of Vedānta, and always contemplate these meanings, as well as the statements of the various Principles (tattvas).

- 19 -

तत्त्वमस्यादिवाक्यं तु जीवब्रह्मैक्यबोधकम् ।
ऐक्ये ज्ञाते निर्भयस्तु मद्रूपो हि प्रजायते ॥

tattvamasyādivākyaṃ tu jīvabrahmaikyabodhakam
aikye jñāte nirbhayastu madrūpo hi prajāyate

The statements of the various Principles give the Knowledge that the Individual Soul is One with the Supreme Divinity. When this identity is realized, one becomes free from fear and attains My form.

- 20 -

पदार्थावगतिः पूर्वं वाक्यार्थावगतिस्ततः ।
तत्पदस्य च वाक्यार्थो गिरेऽहं परिकीर्तितः ॥

padārthāvagatiḥ pūrvaṃ vākyārthāvagatistataḥ
tatpadasya ca vākyārtho gire-haṃ parikīrtitaḥ

First, one should understand the meaning of each syllable (of the statement), then the meaning of the entire sentence. The word Tat, oh Mountain, is famous as I (literally defined as That, the Totality of Existence).

- 21 -

त्वम्पदस्य च वाच्यार्थो जीव एव न संशयः ।
उभयोरैक्यमसिना पदेन प्रोच्यते बुधैः ॥

tvampadasya ca vācyārtho jīva eva na saṃśayaḥ
ubhayoraikyamasinā padena procyate budhaiḥ

The meaning of the word Tvam is only Jīva (literally defined as You, the Individual Soul), of this there is no doubt. That both (Tat and Tvam) are One is known by the word Asi.

- 22 -

वाच्यार्थयोर्विरुद्धत्वादैक्यं नैव घटेत ह ।
लक्षणाऽतः प्रकर्तव्या तत्त्वमोः श्रुतिसंस्थयोः ॥

vācyārthayorviruddhatvādaikyaṃ naiva ghaṭeta ha
lakṣaṇā-taḥ prakartavyā tattvamoḥ śrutisaṃsthayoḥ

The apparent opposition of the words (Tat and Tvam, Tat implying omniscience, omnipresence, and other universal qualities, while Tvam suggests non-omniscience and other characteristics of a limited nature) is prohibited (by Asi). They are One, only one is contained within the other. By definition they are united in the principle, as has been established in the scriptures.

- 23 -

चिन्मात्रं तु तयोर्लक्ष्यं तयोरैक्यस्य सम्भवः ।
तयोरैक्यं तथा ज्ञात्वा स्वाभेदेनाद्वयो भवेत् ॥

cinmātraṃ tu tayorlakṣyaṃ tayoraikyasya sambhavaḥ
tayoraikyaṃ tathā jñātvā svābhedenādvayo bhavet

Pure Consciousness is the goal of this union; from this union does this Oneness arise. Towards this Oneness proceeds all Wisdom, wherein the two do not admit of division.

- 24 -

देवदत्तः स एवाऽयमितिवल्लक्षणा स्मृता ।
स्थूलादिदेहरहितो ब्रह्म सम्पद्यते नरः ॥

devadattaḥ sa evā-yamitivallakṣaṇā smṛtā
sthūlādideharahito brahma sampadyate naraḥ

Devadatta (Gift from God, a man's name indicative of the average reasonable man) is only (the name of a man). In this way we remember the figurative definition (lakṣaṇā) of a word. When a man abandons his gross body, he attains Supreme Divinity.

- 25 -

पञ्चीकृतमहाभूतसम्भूतः स्थूलदेहकः ।
भोगालयो जराव्याधिसंयुतः सर्वकर्मणाम् ॥

pañcīkṛtamahābhūtasambhūtaḥ sthūladehakaḥ
bhogālayo jarāvyādhisaṃyutaḥ sarvakarmaṇām

By the process known as Pañcīkṛta, the great elements of existence come into being. From the various combinations of these elements, comes the gross body. This is the repository of all experience: of old age, affliction and all action.

- 26 -

मिथ्याभूतोऽयमाभाति स्फुटं मायामयत्वतः ।
सोऽयं स्थूल उपाधिः स्यादात्मनो मे नगेश्वर ॥

mithyābhūto-yamābhāti sphuṭaṃ māyāmayatvataḥ
so-yaṃ sthūla upādhiḥ syādātmano me nageśvara

These elements have no true existence (because they are always changing) like bursting flashes of light, manifestations of Māyā. Oh Lord of Mountains, all of these gross attributes are conceptions of My mind.

- 27 -

ज्ञानकर्मेन्द्रिययुतं प्राणपञ्चकसंयुतम् ।
मनोबुद्धियुतं चैतत्सूक्ष्मं तत् कवयो विदुः ॥

jñānakarmendriyayutaṃ prāṇapañcakasaṃyutam
manobuddhiyutaṃ caitatsūkṣmaṃ tat kavayo viduḥ

When the organs of knowledge and the organs of action, are united with the five vital breaths, the mind and intellect, alone form the (sūkṣma) subtle body known by Inspired Poets.

- 28 -

अपञ्चीकृतभूतोत्थं सूक्ष्मदेहोऽयमात्मनः ।
द्वितीयोऽयमुपाधिः स्यात् सुखादेरवबोधकः ॥

apañcīkṛtabhūtottham sūkṣmadeho-yamātmanaḥ
dvitīyo-yamupādhiḥ syāt sukhāderavabodhakaḥ

From the great elements of existence which did not come into manifested being through the Pañcīkṛta process, the subtle body of this great soul manifests. This is the second attribute wherein exists the knowledge of pleasure and pain.

- 29 -

अनाद्यनिर्वाच्यमिदमज्ञानं तु तृतीयकः ।
देहोऽयमात्मनो भाति कारणात्मा नगेश्वर ॥

anādyanirvācyamidamajñānaṃ tu tṛtīyakaḥ
deho-yamātmano bhāti kāraṇātmā nageśvara

This Ignorance is without beginning, indescribable and is the third attribute. The illumination of this body, mind and soul is (performed by) the Causal Soul (kāraṇātmā), otherwise called the Causal Body, oh Lord of Mountains.

- 30 -

उपाधिविलये जाते केवलात्माऽवशिष्यते ।
देहत्रये पञ्चकोशा अन्तःस्थाः सन्ति सर्वदा ॥

upādhivilaye jāte kevalātmā-vaśiṣyate
dehatraye pañcakośā antaḥsthāḥ santi sarvadā

When all these attributes cease from production (or attachment), only the Soul remains. The three bodies and the five sheaths (annamaya, prāṇamaya, manomaya, vijñānamaya, and ānandamaya: the consistency of matter, the consistency of air, the consistency of thought, the consistency of one-pointed light or wisdom, the consistency of the Bliss of Infinite Consciousness) form the inner residence always.

- 31 -

पञ्चकोशपरित्यागे ब्रह्म पुच्छं हि लभ्यते ।
नेति नेतीत्यादिवाक्यैर्मम रूपं यदुच्यते ॥

pañcakośaparityāge brahma puccham hi labhyate
neti netītyādivākyairmama rūpaṃ yaducyate

When one abandons (or moves beyond) the five sheaths, Brahma Puccha (the ultimate end of Divinity) is attained. This is My Form, and has been described in various ways as "Not this, not that," (meaning not limited to any form.)

- 32 -

न जायते म्रियते तत्कदाचिन्

नाऽयं भूत्वा न बभूव कश्चित् ।

अजो नित्यः शाश्वतोऽयं पुराणो

न हन्यते हन्यमाने शरीरे ॥

na jāyate mriyate tatkadācin
nā-yaṃ bhūtvā na babhūva kaśchit
ajo nityaḥ śāśvato-yaṃ purāṇo
na hanyate hanyamāne śarīre

It is not born nor does It die. Never at any time did It not exist, nor can anything exist without It. It is unborn, eternal, everlasting, ancient, and It is not slain with the body.

- 33 -

हतं चेन्मन्यते हन्तुं हतश्चेन्मन्यते हतम् ।

उभौ तो न विजानीतो नाऽयं हन्ति न हन्यते ॥

hataṃ cenmanyate hantuṃ hataścenmanyate hatam
ubhau to na vijānīto nā-yaṃ hanti na hanyate

If one thinks It is slain or thinks It is the slayer, both of them do not know, for It does not kill nor can It be killed.

- 34 -

अणोरणीयान्महतो महीया-

नात्माऽस्य जन्तोर्निहितो गुहायाम् ।

तमक्रतुः पश्यति वीतशोको

धातुः प्रसादान्महिमानमस्य ॥

aṇoraṇīyānmahato mahīyān
ātmā-sya jantornihito guhāyām
tamakratuḥ paśyati vītaśoko
dhātuḥ prasādānmahimānamasya

It is subtler than the subtlest, and greater than the greatest, as a baby within the womb. Seeing the activities born of darkness and remaining free from all sorrow, these are the blessings of Its Greatness.

- 35 -

आत्मानं रथिनं विद्धि शरीरं रथमेव तु ।
बुद्धिं तु सारथिं विद्धि मनः प्रग्रहमेव च ॥

ātmānaṃ rathinaṃ viddhi śarīraṃ rathameva tu
buddhiṃ tu sārathiṃ viddhi manaḥ pragrahameva ca

The Soul is known as the master of the chariot, and the body is the chariot. The Intellect is known as the driver, and the mind is the reins.

- 36 -

इन्द्रियाणि हयानाहुर्विषयांस्तेषु गोचरान् ।
आत्मेन्द्रियमनोयुक्तं भोक्तेत्याहुर्मनीषिणः ॥

indriyāṇi hayānāhurviṣayāṃsteṣu gocarān
ātmendriyamanoyuktaṃ bhoktetyāhurmanīṣiṇaḥ

The organs of knowledge and action are the horses, and all perceivable objects become concerns for attention. When the Soul is united with the organs of knowledge and action and the mind, then It becomes enjoyer of all experience.

- 37 -

यस्त्वविद्वान् भवति चाऽमनस्कश्च सदाऽशुचिः ।
न तत्पदमवाप्नोति संसारं चाधिगच्छति ॥

yastvavidvān bhavati cā-manaskaśca sadā-śuciḥ
na tatpadamavāpnoti saṃsāraṃ cādhigacchati

Whoever is Ignorant, unmindful, and always impure, has no capacity to attain (this Wisdom). Such people remain in bondage to objects and relationships of the world.

- 38 -

यस्तु विज्ञानवान् भवति समनस्कः सदा शुचिः ।
स तु तत्पदमाप्नोति यस्माद्भूयो न जायते ॥

yastu vijñānavān bhavati samanaskaḥ sadā śuciḥ
sa tu tatpadamāpnoti yasmādbhūyo na jāyate

Who acts with knowledge, who is mindful and always pure, such people attain the Goal, and become even greater.

- 39 -

विज्ञानसारथिर्यस्तु मनः प्रग्रहवान्नरः ।
सोऽध्वनः पारमाप्नोति मदीयं यत्परं पदम् ॥

vijñānasārathiryastu manaḥ pragrahavānnaraḥ
so-dhvanaḥ pāramāpnoti madīyaṃ yatparaṃ padam

The human who keeps Knowledge as his charioteer, and keeps a tight rein on his mind, becomes capable of the highest attainment. He is Mine, and resides in the highest abode.

- 40 -

इत्थं श्रुत्या च मत्या च निश्चित्याऽऽत्मानमात्मना ।
भावयेन्मामात्मरूपां निदिध्यासगतोऽपि च ॥

itthaṃ śrutyā ca matyā ca niścityā--tmānamātmanā
bhāvayenmāmātmarūpāṃ nididhyāsagato-pi ca

Thus one should listen, contemplate and deeply meditate on the Soul of all souls. With an attitude of intensity one should deeply meditate upon the form of My Soul.

- 41 -

योगवृत्तेः पुरा स्वस्मिन् भावयेदक्षरत्रयम् ।
देवीप्रणवसंज्ञस्य ध्यानार्थं मन्त्रवाच्ययोः ॥

yogavṛtteḥ purā svasmin bhāvayedakṣaratrayam
devīpraṇavasaṃjñasya dhyānārthaṃ mantravācyayoḥ

Before entering into the fullest and most complete union, one should deeply intuit (bhāvayed) the three letters encompassing all wisdom incorporated in the Praṇava (the highest symbolic utterance) of the Goddess. For the purpose of this meditation the mantra is being explained.

- 42 -

हकारः स्थूलदेहः स्याद्रकारः सूक्ष्मदेहकः ।
ईकारः कारणात्मासौ ह्रीङ्कारोऽहं तुरीयकम् ॥

hakāraḥ sthūladehaḥ syādrakāraḥ sūkṣmadehakaḥ
īkāraḥ kāraṇātmāsau hrīṅkāro-haṃ turīyakam

The letter Ha means the gross body, while the letter Ra means the subtle body. The letter Ī means the causal body, and the anusvāra ṁ indicates the (Turīya) state, that which is beyond. (Hrīṁ is the bīja of Māyā, the Devī Praṇava: what can be perceived through the senses, what can be conceived in the mind, what can be known through intuition, and beyond.)

- 43 -

एवं समष्टिदेहेऽपि ज्ञात्वा बीजत्रयं क्रमात् ।
समष्टिव्यष्ट्योरेकत्वं भावयेन्मतिमान् नरः ॥

evaṃ samaṣṭidehe-pi jñātvā bījatrayaṃ kramāt
samaṣṭivyaṣṭyorekatvaṃ bhāvayenmatimān naraḥ

And knowing these three letters to be the order of the Universal body of Existence, the aspirant will deeply intuit (bhāvayen) the unity between the Universal Body of Existence and the Individual body of a particular existence.

- 44 -

समाधिकालात् पूर्वं तु भावयित्वैवमादृतः ।
ततो ध्यायेन्निलीनाक्षो देवीं मां जगदीश्वरीम् ॥

samādhikālāt pūrvaṃ tu bhāvayitvaivamādṛtaḥ
tato dhyāyennilīnākṣo devīṃ māṃ jagadīśvarīm

Prior to the time of Samādhi (Pure Intuitive Absorption), having deeply intuited as previously described, one should fix oneself in meditation on heavenly light, on the Goddess, on Me, on the Supreme Divinity of all existence.

- 45 -

प्राणापानौ समौ कृत्वा नासाभ्यन्तरचारिणौ ।
निवृत्तविषयाकाङ्क्षो वीतदोषो विमत्सरः ॥

prāṇāpānau samau kṛtvā nāsābhyantaracāriṇau
nivṛttaviṣayākāṅkṣo vītadoṣo vimatsaraḥ

Make the inflowing breath equal to the outflowing breath, and destroy all movement within. Offer attention only to that which is changeless (without modification), be free from all defects such as jealousy, etc.

- 46 -

भक्त्या निर्व्याजया युक्तो गुहायां निःस्वने स्थले ।
हकारं विश्वमात्मानं रकारे प्रविलापयेत् ॥

bhaktyā nirvyājayā yukto guhāyāṃ niḥsvane sthale
hakāraṃ viśvamātmānaṃ rakāre pravilāpayet

The devotee, attaining to freedom from all afflictions, unites within the cave of his breast. The letter Ha, which is the substratum of the Universe, will be dissolved into the letter Ra.

- 47 -

रकारं तैजसं देवमीकारे प्रविलापयेत् ।
ईकारं प्राज्ञमात्मानं ह्रीङ्कारे प्रविलापयेत् ॥

rakāraṃ taijasaṃ devamīkāre pravilāpayet
īkāraṃ prājñamātmānaṃ hrīṅkāre pravilāpayet

The letter Ra, which is the Light of the Gods, should be dissolved into the letter Ī. The letter Ī, which is the Soul of Individual Intelligence, should be dissolved into Hrīṃ, Māyā.

- 48 -

वाच्यवाचकताहीनं द्वैतभावविवर्जितम् ।
अखण्डं सच्चिदानन्दं भावयेत्तच्छिखान्तरे ॥

vācyavācakatāhīnaṃ dvaitabhāvavivarjitam
akhaṇḍaṃ saccidānandaṃ bhāvayettacchikhāntare

There (in this space) exists nothing about which is spoken, nor any speech by which to speak. Any attitude of duality is forbidden. It is indivisible Saccidānanda (True Existence, Consciousness, Bliss) sitting within the highest part of the head.

- 49 -

इति ध्यानेन मां राजन् साक्षात्कृत्य नरोत्तमः ।
मद्रूप एव भवति द्वयोरप्येकता यतः ॥

iti dhyānena māṃ rājan sākṣātkṛtya narottamaḥ
madrūpa eva bhavati dvayorapyekatā yataḥ

This is the meditation on Me, oh King, which the most excellent of humanity can actually perform. My form and your own self, both are One in continuous association.

- 50 -

योगयुक्त्याऽनया दृष्ट्वा मामात्मानं परात्परम् ।
अज्ञानस्य सकार्यस्य तत्क्षणे नाशको भवेत् ॥

yogayuktyā-nayā dṛṣṭvā māmātmānaṃ parātparam
ajñānasya sakāryasya tatkṣaṇe nāśako bhavet

United in Yoga, My Universal Soul, higher than the highest, is perceived. All Ignorance and its effects are immediately destroyed.

Chapter 7

हिमालय उवाच

himālaya uvāca
Himālaya said:

- 1 -

योगं वद महेशानि साङ्गं संवित्प्रदायकम् ।
कृतेन येन योग्योऽहं भवेयं तत्त्वदर्शने ॥

yogaṃ vada maheśāni sāṅgaṃ saṃvitpradāyakam
kṛtena yena yogyo-haṃ bhaveyaṃ tattvadarśane
Please instruct me in the practice of Yoga, oh Great Supreme Goddess, along with all its limbs, and bestow upon me the fullest knowledge, by means of which I can attain union and realization of the Universal Principle.

श्रीदेव्युवाच

śrīdevyuvāca
The Goddess said:

- 2 -

न योगो नभसः पृष्ठे न भूमौ न रसातले ।
ऐक्यं जीवात्मनोराहुर्योगं योगविशारदाः ॥

na yogo nabhasaḥ pṛṣṭhe na bhūmau na rasātale
aikyaṃ jīvātmanorāhuryogaṃ yogaviśāradāḥ
Neither does Yoga exist in the sky, nor behind, nor below (on the earth), nor even in the nether regions (below the earth). Those conversant with Yoga know Yoga to be the complete unity of the Individual Soul with its desired objective.

- 3 -

तत्प्रत्यूहाः षडाख्याता योगविघ्नकरानघ ।
कामक्रोधौ लोभमोहौ मदमात्सर्यसंज्ञकौ ॥

tatpratyūhāḥ ṣaḍākhyātā yogavighnakarānagha
kāmakrodhau lobhamohau madamātsaryasaṃjñakau

There are six enemies who cause obstacles in the path of union: desire, anger, greed, ignorance, conceit and jealousy.

- 4 -

योगाङ्गैरेव भित्त्वा तान् योगिनो योगमाप्नुयुः ।
यमं नियममासन प्राणायामौ ततः परम् ॥

yogāṅgaireva bhittvā tān yogino yogamāpnuyuḥ
yamaṃ niyamamāsana prāṇāyāmau tataḥ param

Destroying these (enemies) by the limbs of Yoga, the Yogis attain to union. (The limbs of Yoga are) Yama (control your life by organizing and defining goals and priorities), Niyama (create a discipline for their attainment), Āsana (put your body into harmony), Prāṇāyāma (put your breath into harmony), and then beyond;

- 5 -

प्रत्याहारं धारणाख्यं ध्यानं सार्धं समाधिना ।
अष्टाङ्गान्याहुरेतानि योगिनां योगसाधने ॥

pratyāhāraṃ dhāraṇākhyaṃ dhyānaṃ sārdhaṃ samādhinā
aṣṭāṅgānyāhuretāni yogināṃ yogasādhane

Pratyāhāra (bring your senses inside), Dhāraṇā (contemplation of three: subject, object and relationship), Dhyāna (meditation on two: subject and object, the relationship is understood), and Samādhi (the perfection of union: only One). These are the eight limbs of Yoga, by which Yogis perform the disciplined practice to attain to union (yogasādhana).

- 6 -

अहिंसा सत्यमस्तेयं ब्रह्मचर्यं दयाऽऽर्जवम् ।

क्षमा धृतिर्मिताहारः शौचं चेति यमा दश ॥

ahiṃsā satyamasteyaṃ brahmacaryaṃ dayā--rjavam
kṣamā dhṛtirmitāhāraḥ śaucaṃ ceti yamā daśa

Ahiṃsā (causing no harm to others), Satya (truthfulness), Asteyam (not coveting things of the world), Bramacharya (sacred study), Dayā (compassion), Ārjavam (the purification of knowledge), Kṣamā (forgiveness), Dhṛti (constancy or firmness), Mitāhāra (controlling the diet), and Śauca (maintaining internal and external cleanliness): these are recognized as the ten aspects of Yama.

- 7 -

तपः सन्तोष आस्तिक्यं दानं देवस्य पूजनम् ।

सिद्धान्तश्रवणं चैव ह्रीर्मतिश्च जपो हुतम् ॥

tapaḥ santoṣa āstikyaṃ dānaṃ devasya pūjanam
siddhāntaśravaṇaṃ caiva hrīrmatiśca japo hutam

Tapasyā (purifying austerities), Santoṣa (contentment), Āstikya (the continuous pursuit of self-realization), Dāna (giving to others), Devasya Pūjanam (worship of God), Siddhānta Śravaṇaṃ (listening to the scriptures), Hrī (modesty), Mati (devotion in prayer), Japa (reciting mantras), and Huta (Homa or offering to the Sacred Fire)

- 8 -

दशैते नियमाः प्रोक्ता मया पर्वतनायक ।

पद्मासनं स्वस्तिकं च भद्रं वज्रासनं तथा ॥

daśaite niyamāḥ proktā mayā parvatanāyaka
padmāsanaṃ svastikaṃ ca bhadraṃ vajrāsanaṃ tathā

are the ten aspects described in Niyama. Padmāsana (lotus posture), Svastikāsana (excellent attainment posture),

Bhadrāsana (excellent posture), Vajrāsana (diamond posture), and

\- 9 -

वीरासनमिति प्रोक्तं क्रमादासनपञ्चकम् ।
ऊर्वोरुपरि विन्यस्य सम्यक् पादतले शुभे ॥

vīrāsanamiti proktaṃ kramādāsanapañcakam
ūrvorupari vinyasya samyak pādatale śubhe

Virāsana (hero posture); these are the five kinds of postures that are recommended. Placing the feet with the soles showing, on the opposite thighs, (crossing the legs with the right foot on the left thigh and the left foot on the right thigh) and

\- 10 -

अङ्गुष्ठौ च निबध्नीयाद्धस्ताभ्यां व्युत्क्रमात् ततः ।
पद्मासनमिति प्रोक्तं योगिनां हृदयङ्गमम् ॥

aṅguṣṭhau ca nibadhnīyāddhastābhyāṃ vyutkramāt tataḥ
padmāsanamiti proktaṃ yogināṃ hṛdayaṅgamam

catching by the right hand brought around the back, the toes of the right foot, and catching by the left hand brought around the back, the toes of the left foot; then sitting straight with ease. This is called Padmāsana which is beloved by Yogis.

Note: According to others, it is not necessary for the hands to be carried around the back to grab their respective toes. Both of the hands may be crossed and placed in the lap.

\- 11 -

जानूर्वोरन्तरे सम्यक् कृत्वा पादतले शुभे ।
ऋजुकायो विशेद्योगी स्वस्तिकं तत्प्रचक्षते ॥

jānūrvorantare samyak kṛtvā pādatale śubhe
ṛjukāyo viśedyogī svastikaṃ tatpracakṣate

Place the feet on the inner side of the knees with the soles facing upwards. For the attainment of Truth by certain Yogis, this is known as the Svastikāsana.

- 12 -

सीवन्याः पार्श्वयोर्न्यस्य गुल्फयुग्मं सुनिश्चितम् ।
वृषणाधः पादपार्ष्णी पार्ष्णिभ्यां परिबन्धयेत् ॥

sīvanyāḥ pārśvayornyasya gulphayugmaṃ suniścitam
vṛṣaṇādhaḥ pādapārṣṇī pārṣṇibhyāṃ paribandhayet

Placing the heels of both feet firmly together below the genital near the anus, and binding the sides of the feet together below the genital,

- 13 -

भद्रासनमिति प्रोक्तं योगिभिः परिपूजितम् ।
ऊर्वोः पादौ क्रमान्न्यस्य जान्वोः प्रत्यङ्मुखाङ्गुली ॥

bhadrāsanamiti proktaṃ yogibhiḥ paripūjitam
ūrvoḥ pādau kramānnyasya jānvoḥ pratyaṅmukhāṅgulī

is known as Bhadrāsana, which is very much venerated by the Yogis. Placing both the thighs above the legs according to instructions, sitting on the shanks with the toes extended back,

- 14 -

करौ विदध्यादाख्यातं वज्रासनमनुत्तमम् ।
एकं पादमधः कृत्वा विन्यस्योरुं तथोत्तरे ॥

karau vidadhyādākhyātaṃ vajrāsanamanuttamam
ekaṃ pādamadhaḥ kṛtvā vinyasyoruṃ tathottare

is known as the excellent Vajrāsana. Place one foot back with the knee bent, then cross the other thigh over the opposite way (knee over knee).

- 15 -

ऋजुकायो विशेद्योगी वीरासनमितीरितम् ।
इडयाऽऽकर्षयेद्वायुं बाह्यं षोडशमात्रया ॥

ṛjukāyo viśedyogī vīrāsanamitīritam
iḍayā--karṣayedvāyuṃ bāhyaṃ ṣoḍaśamātrayā

For the attainment of Truth by certain Yogis, this is known as the Vīrāsana. Inhale air through the Iḍā, which is the left nostril, to the count of sixteen times.

- 16 -

धारयेत् पूरितं योगी चतुःषष्ट्या तु मात्रया ।
सुषुम्नामध्यगं सम्यग्द्वात्रिंशन्मात्रया शनैः ॥

dhārayet pūritaṃ yogī catuḥṣaṣṭyā tu mātrayā
suṣumnāmadhyagaṃ samyagdvātriṃśanmātrayā śanaiḥ

The Yogī will retain that breath within the Suṣumnā, (while saying) the mantra to the count of sixty-four times, and then count the mantra thirty-two times,

- 17 -

नाड्या पिङ्गलया चैव रेचयेद्योगवित्तमः ।
प्राणायाममिमं प्राहुर्योगशास्त्रविशारदाः ॥

nāḍyā piṅgalayā caiva recayedyogavittamaḥ
prāṇāyāmamimaṃ prāhuryogaśāstraviśāradāḥ

while exhaling through the Piṅgala nāḍi (the right nostril), which is the process called Rechaka by knowers of Yoga. (The first process, inhalation, is called Pūraka; the second, retention, is called Kumbhaka, and the third, exhalation, is called Rechaka.) This is called Prāṇāyāma by the knowers of Yoga Practices.

- 18 -

भूयो भूयः क्रमात् तस्य बाह्यमेवं समाचरेत् ।
मात्रावृद्धिः क्रमेणैव सम्यग्द्वादश षोडश ॥

bhūyo bhūyaḥ kramāt tasya bāhyamevaṃ samācaret
mātrāvṛddhiḥ krameṇaiva samyagdvādaśa ṣoḍaśa

Thus one should breathe again and again according to the instructions of Prāṇāyāma. Change the rhythm of control from twelve times to sixteen.

- 19 -

जपध्यानादिभिः सार्धं सगर्भं तं विदुर्बुधाः ।
तदपेतं विगर्भं च प्राणायामं परे विदुः ॥

japadhyānādibhiḥ sārdhaṃ sagarbhaṃ taṃ vidurbudhāḥ
tadapetaṃ vigarbhaṃ ca prāṇāyāmaṃ pare viduḥ

Combined with japa (of mantra) and dhyāna (of the deity), etc., this practice is known as sagarbha (pregnant). It is known as vigarbha (empty womb) when Prāṇāyāma is performed without mantra.

- 20 -

क्रमादभ्यस्यतः पुंसो देहे स्वेदोद्गमोऽधमः ।
मध्यमः कम्पसंयुक्तो भूमित्यागः परो मतः ॥

kramādabhyasyataḥ puṃso dehe svedodgamo-dhamaḥ
madhyamaḥ kampasaṃyukto bhūmityāgaḥ paro mataḥ

When practiced according to instruction, in the lowest stages, a man's body becomes drenched with sweat. In the middle stages, it shakes and trembles, and in the highest stage, it leaves the ground (and rises up into the air).

- 21 -

उत्तमस्य गुणावाप्तिर्यावच्छीलनमिष्यते ।
इन्द्रियाणां विचरतां विषयेषु निरर्गलम् ॥

uttamasya guṇāvāptiryāvacchīlanamiṣyate
indriyāṇāṃ vicaratāṃ viṣayeṣu nirargalam

Until one attains the highest quality, practice should be continued. The senses move towards various objects of attention without restraint.

- 22 -

बलादाहरणं तेभ्यः प्रत्याहारोऽभिधीयते ।
अङ्गुष्ठगुल्फजानूरुमूलाधारलिङ्गनाभिषु ॥

balādāharaṇaṃ tebhyaḥ pratyāhāro-bhidhīyate
aṅguṣṭhagulphajānūrumūlādhāraliṅganābhiṣu

The power to withdraw the senses from those (objects) is thought of as Pratyāhāra. Toes and heels, knees and thighs, the space between the genital and the anus, genital, navel,

- 23 -

हृद्ग्रीवाकण्ठदेशेषु लम्बिकायां ततो नसि ।
भ्रूमध्ये मस्तके मूर्ध्नि द्वादशान्ते यथाविधि ॥

hṛdgrīvākaṇṭhadeśeṣu lambikāyāṃ tato nasi
bhrūmadhye mastake mūrdhni dvādaśānte yathāvidhi

heart, neck, throat, uvula, nose, between the eyebrows, and on the top of the head; at these twelve places according to the system,

- 24 -

धारणं प्राणमरुतो धारणेति निगद्यते ।
समाहितेन मनसा चैतन्यान्तरवर्तिना ॥

dhāraṇaṃ prāṇamaruto dhāraṇeti nigadyate
samāhitena manasā caitanyāntaravartinā
supporting the Prāṇa Marut (life force or wind) on (these twelve places) is called Dhāraṇā. Put the mind in equilibrium, and allow Consciousness to rest within.

- 25 -

आत्मन्यभीष्टदेवानां ध्यानं ध्यानमिहोच्यते ।
समत्वभावना नित्यं जीवात्मपरमात्मनोः ॥

ātmanyabhīṣṭadevānāṃ dhyānaṃ dhyānamihocyate
samatvabhāvanā nityaṃ jīvātmaparamātmanoḥ
Let the Soul meditate (Dhyāna) upon the Īṣṭa Deva (chosen deity), and continually observe in meditation. Always maintain the attitude of unity between the Individual Soul and the Supreme Soul.

- 26 -

समाधिमाहुर्मुनयः प्रोक्तमष्टाङ्गलक्षणम् ।
इदानीं कथये तेऽहं मन्त्रयोगमनुत्तमम् ॥

samādhimāhurmunayaḥ proktamaṣṭāṅgalakṣaṇam
idānīṃ kathaye te-haṃ mantrayogamanuttamam
This is known by the wise men as Samādhi, with its various definitions. Thus I have described to you the excellent mantra Yoga.

- 27 -

विश्वं शरीरमित्युक्तं पञ्चभूतात्मकं नग ।
चन्द्रसूर्याग्नितेजोभिर्जीवब्रह्मैक्यरूपकम् ॥

viśvaṃ śarīramityuktaṃ pañcabhūtātmakaṃ naga
candrasūryāgnitejobhirjīvabrahmaikyarūpakam
The body of the universe is composed of the unity of the five essential elements, oh Mountain. The Lights of the

Moon, the Sun, fire and the Individual Soul are One. They are the form of the Supreme Divinity.

- 28 -

तिस्रः कोट्यस्तदर्धेन शरीरे नाडयो मताः ।

तासु मुख्या दश प्रोक्तास्ताभ्यस्तिस्रो व्यवस्थिताः ॥

tisraḥ koṭyastadardhena śarīre nāḍayo matāḥ
tāsu mukhyā daśa proktāstābhyastisro vyavasthitāḥ

There are thirty million nāḍīs (both subtle and gross avenues of circulation in the body of humans). Of these, ten are most important, and of the ten, three will be accommodated (in our discussion).

- 29 -

प्रधाना मेरुदण्डेऽत्र चन्द्रसूर्याग्निरूपिणी ।

इडा वामे स्थिता नाडी शुभ्रा तु चन्द्ररूपिणी ॥

pradhānā merudaṇḍe-tra candrasūryāgnirūpiṇī
iḍā vāme sthitā nāḍī śubhrā tu candrarūpiṇī

The foremost is the Merudaṇḍa (situated in the center of the spinal cord), in the form of the Moon, the Sun and fire. On the left side is situated the Iḍā nāḍī, brightly shining like the form of the Moon.

- 30 -

शक्तिरूपा तु सा नाडी साक्षादमृतविग्रहा ।

दक्षिणे या पिङ्गलाख्या पुंरूपा सूर्यविग्रहा ॥

śaktirūpā tu sā nāḍī sākṣādamṛtavigrahā
dakṣiṇe yā piṅgalākhyā puṃrūpā sūryavigrahā

This nāḍī is the form of Energy, and it is the actual purveyor of nectar (the bliss of immortality). On the right side is the Piṅgalā nāḍī, which is of masculine gender, the avenue of the Sun.

- 31 -

सर्वतेजोमयी सा तु सुषुम्ना वह्निरूपिणी ।
तस्या मध्ये विचित्राख्ये इच्छाज्ञानक्रियात्मकम् ॥

sarvatejomayī sā tu suṣumnā vahnirūpiṇī
tasyā madhye vicitrākhye icchājñānakriyātmakam

The manifestation of all light, the Suṣumnā (the channel which houses both the Iḍā and Piṅgalā) is of the form of fire, within which resides the various energies: Icchā (desire), Jñāna (knowledge) and Kriyā (action).

- 32 -

मध्ये स्वयं भूलिङ्गं तु कोटिसूर्यसमप्रभम् ।
तदूर्ध्वं मायाबीजं तु हरात्मा बिन्दुनादकम् ॥

madhye svayaṃ bhūliṅgaṃ tu koṭisūryasamaprabham
tadūrdhvaṃ māyābījaṃ tu harātmā bindunādakam

In the middle is the Bhūliṅga (subtle existence), shining like ten million suns. Above that is the Māyā bīja (Hrīṃ), Harātmā (the soul of the Supreme) with the bindu m̐ perfecting the sound.

- 33 -

तदूर्ध्वं तु शिखाकारा कुण्डली रक्तविग्रहा ।
देव्यात्मिका तु सा प्रोक्ता मदभिन्ना नगाधिप ॥

tadūrdhvaṃ tu śikhākārā kuṇḍalī raktavigrahā
devyātmikā tu sā proktā madabhinnā nagādhipa

Above that, at its summit, is the Kuṇḍalī (energy) of a red color. This is known as the Supreme Soul of the Goddess, not different from Me, oh King of Mountains.

- 34 -

तद्बाह्ये हेमरूपाभं वादिसान्तचतुर्दलम् ।
द्रुतहेमसमप्रख्यं पद्मं तत्र विचिन्तयेत् ॥

tadbāhye hemarūpābhaṃ vādisāntacaturdalam
drutahemasamaprakhyaṃ padmaṃ tatra vicintayet

Outside of that, with a golden form, containing the various letters from va ending with sa (va, śa, ṣa, sa) within its four petals, the lotus appears as melting gold; place your awareness there. (It is called Mūlādhāra Cakra.)

- 35 -

तदूर्ध्वं त्वनलप्रख्यं षड्दलं हीरकप्रभम् ।
बादिलान्तषड्वर्णेन स्वाधिष्ठानमनुत्तमम् ॥

tadūrdhvaṃ tvanalaprakhyaṃ ṣaḍdalaṃ hīrakaprabham
bādilāntaṣaḍvarṇena svādhiṣṭhānamanuttamam

Above that, attached to the stem, are six petals with the lustre of a diamond. The various six letters beginning from ba and ending with la (ba, bha, ma, ya, ra, la), are in the excellent Svādhiṣṭhāna.

- 36 -

मूलमाधारषट्कोणं मूलाधारं ततो विदुः ।
स्वशब्देन परं लिङ्गं स्वाधिष्ठानं ततो विदुः ॥

mūlamādhāraṣaṭkoṇaṃ mūlādhāraṃ tato viduḥ
svaśabdena paraṃ liṅgaṃ svādhiṣṭhānaṃ tato viduḥ

The base (or root) supports the six angles. Therefore, it is known as Mūlādhāra (the root which supports). Its word is extremely subtle, therefore, it is known as Svādhiṣṭhāna (one's own place).

- 37 -

तदूर्ध्वं नाभिदेशे तु मणिपूरं महाप्रभम् ।
मेघाभं विद्युदाभं च बहुतेजोमयं ततः ॥

tadūrdhvaṃ nābhideśe tu maṇipūraṃ mahāprabham
meghābhaṃ vidyudābhaṃ ca bahutejomayaṃ tataḥ

Above that in the region of the navel, the Maṇipūra has a great radiance. Clouds are illuminated by lightning, and there is manifested great light.

- 38 -

मणिवद्भिन्नं तत्पद्मं मणिपद्मं तथोच्यते ।
दशभिश्च दलैर्युक्तं डादिफान्ताक्षरान्वितम् ॥

maṇivadbhinnaṃ tatpadmaṃ maṇipadmaṃ tathocyate
daśabhiśca dalairyuktaṃ ḍādiphāntākṣarānvitam

Many jewels occupy that lotus, for which it is known as the Lotus of Jewels. It has ten petals which are united with the letters beginning from ḍa and ending with pha (ḍa, ḍha, ṇa, ta, tha, da, dha, na, pa, pha).

- 39 -

विष्णुनाऽधिष्ठितं पद्मं विष्ण्वालोकनकारणम् ।
तदूर्ध्वेऽनाहतं पद्ममुद्यदादित्यसन्निभम् ॥

viṣṇunā-dhiṣṭhitaṃ padmaṃ viṣṇvālokanakāraṇam
tadūrdhve-nāhataṃ padmamudyadādityasannibham

Viṣṇu is situated in this lotus, for which it is (known as) Viṣṇu loka. Above that is the Anāhata lotus, which resembles a fountain of flowing streams.

- 40 -

कादिठान्तदलैरेकं पत्रैश्च समधिष्ठितम् ।
तन्मध्ये बाणलिङ्गं तु सूर्यायुतसमप्रभम् ॥

kādiṭhāntadalairekaṃ patraiśca samadhiṣṭhitam
tanmadhye bāṇaliṅgaṃ tu sūryāyutasamaprabham

Beginning from ka and ending at ṭha (ka, kha, ga, gha, ṅa, ca, cha, ja, jha, ña, ṭa, ṭha) the (twelve) letters are established on the petals. In the middle is the Bāṇaliṅga (a white symbol of Lord Śiva), resplendent like the Sun.

- 41 -

शब्दब्रह्ममयं शब्दानाहतं तत्र दृश्यते ।
अनाहताख्यं तत्पद्मं मुनिभिः परिकीर्तितम् ॥

śabdabrahmamayaṃ śabdānāhataṃ tatra dṛśyate
anāhatākhyaṃ tatpadmaṃ munibhiḥ parikīrtitam

The manifestation of Śabda Brahma (the sound of God) is perceived here in the Anāhata. (That is why) the Anāhata lotus is most famous among men of wisdom.

- 42 -

आनन्दसदनं तत्तु पुरुषाधिष्ठितं परम् ।
तदूर्ध्वं तु विशुद्धाख्यं दलं षोडशपङ्कजम् ॥

ānandasadanaṃ tattu puruṣādhiṣṭhitaṃ param
tadūrdhvaṃ tu viśuddhākhyaṃ dalaṃ ṣoḍaśapaṅkajam

This is the residence of Bliss, wherein the highest Puruṣa dwells. Above that is the Viśuddha with sixteen petals,

- 43 -

स्वरैः षोडशभिर्युक्तं धूम्रवर्णं महाप्रभम् ।
विशुद्धं तनुते यस्माज्जीवस्य हंसलोकनात् ॥

svaraiḥ ṣoḍaśabhiryuktaṃ dhūmravarṇaṃ mahāprabham
viśuddhaṃ tanute yasmājjīvasya haṃsalokanāt
comprised of the sixteen vowels (a, ā, i, ī, u, ū, ṛ, ṝ, lṛ, lṝ, e, ai, o, au, aṃ, aḥ). This is of a smoky color and great lustre. In the Viśuddha there is great expansion (or illumination), which is the haṃsaloka (the residence of union or freedom) of the Individual Soul.

- 44 -

विशुद्धं पद्ममाख्यातमाकाशाख्यं महाद्भुतम् ।
आज्ञाचक्रं तदूर्ध्वे तु आत्मनाऽधिष्ठितं परम् ॥

viśuddhaṃ padmamākhyātamākāśākhyaṃ mahādbhutam
ājñācakraṃ tadūrdhve tu ātmanā-dhiṣṭhitaṃ param
In the Viśuddha lotus, the great element of Ākāśa (ether) is present. The Ājñā Cakra is situated above that, which is the highest residence of the Soul.

- 45 -

आज्ञानसंक्रमणं तत्र तेनाज्ञेति प्रकीर्तितम् ।
द्विदलं हक्षसंयुक्तं पद्मं तत्सुमनोहरम् ॥

ājñānasaṃkramaṇaṃ tatra tenājñeti prakīrtitam
dvidalaṃ hakṣasaṃyuktaṃ padmaṃ tatsumanoharam
In the Ājñā Cakra are realized the dictates of priorities, and for this reason it is famous as Ājñā (command or order). The very beautiful lotus has two petals inscribed upon which are the letters ha and kṣa.

- 46 -

कैलासाख्यं तदूर्ध्वं तु रोधिनी तु तदूर्ध्वतः ।
एवं त्वाधारचक्राणि प्रोक्तानि तव सुव्रत ॥

kailāsākhyaṃ tadūrdhvaṃ tu rodhinī tu tadūrdhvataḥ
evaṃ tvādhāracakrāṇi proktāni tava suvrata

Above that is the Kailāsa Cakra, and above that is the Rodhinī Cakra. Thus the Ādhāra Cakras have been described to you, oh one of excellent vows.

- 47 -

सहस्रारयुतं बिन्दुस्थानं तदूर्ध्वमीरितम् ।
इत्येतत् कथितं सर्वं योगमार्गमनुत्तमम् ॥

sahasrārayutaṃ bindusthānaṃ tadūrdhvamīritam
ityetat kathitaṃ sarvaṃ yogamārgamanuttamam

The thousand petaled lotus is the residence of bindu m̐, and above that (the exit) from which the soul rises. Thus all has been explained of the excellent path of Yoga.

- 48 -

आदौ पूरकयोगेनाप्याधारे योजयेन्मनः ।
गुदमेढ्रान्तरे शक्तिस्तामाकुंच्य प्रबोधयेत् ॥

ādau pūrakayogenāpyādhāre yojayenmanaḥ
gudameḍhrāntare śaktistāmākuṃcya prabodhayet

First, inhaling in the Yogic way, let mind unite in the Mūlādhāra. Between the anus and the genital, become aware of the energy by restraining the breath.

- 49 -

लिङ्गभेदक्रमेणैव बिन्दुचक्रं च प्रापयेत् ।
शम्भुना तां परां शक्तिमेकीभूतां विचिन्तयेत् ॥

liṅgabhedakrameṇaiva binducakraṃ ca prāpayet
śambhunā tāṃ parāṃ śaktimekībhūtāṃ vicintayet

Pierce the subtle centers in their order until the Bindu Cakra is reached. Conceive of Śambhu (Śiva) united with Her, the Highest Śakti, as One Being.

- 50 -

तत्रोत्थितामृतं यत्तु द्रुतलाक्षारसोपमम् ।
पाययित्वा तु तां शक्तिं मायाख्यां योगसिद्धिदम् ॥

tatrotthitāmṛtaṃ yattu drutalākṣārasopamam
pāyayitvā tu tāṃ śaktiṃ māyākhyāṃ yogasiddhidam

In the Bindu Cakra is produced the nectar of immortality, flowing down like a red colored lac. Who can drink that (nectar), the energy of Māyā, attains the perfection of union.

- 51 -

षट्चक्रदेवतास्तत्र सन्तर्प्यामृतधारया ।
आनयेत्तेन मार्गेण मूलाधारं ततः सुधीः ॥

ṣaṭcakradevatāstatra santarpyāmṛtadhārayā
ānayettena mārgeṇa mūlādhāraṃ tataḥ sudhīḥ

For the pleasure of the Gods residing in the six cakras, carry that nectar to each by the reverse path until the Mūlādhāra is reached.

- 52 -

एवमभ्यस्यमानस्याऽप्यहन्यहनि निश्चितम् ।
पूर्वोक्तदूषिता मन्त्राः सर्वे सिध्यन्ति नाऽन्यथा ॥

evamabhyasyamānasyā-pyahanyahani niścitam
pūrvoktadūṣitā mantrāḥ sarve sidhyanti nā-nyathā

Regularly practicing in this way, success is assured. All previous deficiencies will be perfected, the mantras will be attained, there is no other way.

- 53 -

जरामरणदुःखाद्यैर्मुच्यते भववन्धनात् ।
ये गुणाः सन्ति देव्या मे जगन्मातुर्यथा तथा ॥

jarāmaraṇaduḥkhādyairmucyate bhavabandhanāt
ye guṇāḥ santi devyā me jaganmāturyathā tathā

Old age, death and pain, the bondage to the world will be eradicated. Those divine qualities which are in Me, the Mother of the Universe,

- 54 -

ते गुणाः साधकवरे भवन्त्येव न चाऽन्यथा ।
इत्येवं कथितं तात वायुधारणमुत्तमम् ॥

te guṇāḥ sādhakavare bhavantyeva na cā-nyathā
ityevaṃ kathitaṃ tāta vāyudhāraṇamuttamam

with those same qualities the sādhaka (spiritual practitioner) will be blessed, even within this world and others. Thus is the explanation, My child, of the excellent (system) of retaining breath.

- 55 -

इदानीं धारणाख्यं तु शृणुष्वावहितो मम ।
दिक्कालाद्यनवच्छिन्नदेव्यां चेतो विधाय च ॥

idānīṃ dhāraṇākhyaṃ tu śṛṇuṣvāvahito mama
dikkālādyanavacchinnadevyāṃ ceto vidhāya ca

Now hear from Me how to conduct Dhāraṇā. Cutting asunder location, time and others, and fixing Consciousness in Divinity,

- 56 -

तन्मयो भवति क्षिप्रं जीवब्रह्मैक्ययोजनात् ।
अथवा समलं चेतो यदि क्षिप्रं न सिद्ध्यति ॥

tanmayo bhavati kṣipraṃ jīvabrahyaikyayojanāt
athavā samalaṃ ceto yadi kṣipraṃ na siddhyati

on my manifestation, one immediately realizes the unity between the Individual Soul and the Universal Soul. Otherwise, if one does not easily or speedily attain this consciousness,

- 57 -

तदाऽवयवयोगेन योगी योगान् समभ्यसेत् ।

मदीयहस्तपादादावङ्गे तु मधुरे नग ॥

tadā-vayavayogena yogī yogān samabhyaset
madīyahastapādādāvaṅge tu madhure naga

then it is possible for a Yogi to practice by means of Avayava Yoga (concentrating from limb to limb). (Seeing) My lovely smile, feet, and other parts, oh Mountain,

- 58 -

चित्तं सस्थापयेन्मन्त्री स्थानं स्थानं जयात् पुनः ।

विशुद्धचित्तः सर्वस्मिन् रूपे संस्थापयेन्मनः ॥

cittaṃ sasthāpayenmantrī sthānaṃ sthānaṃ jayāt punaḥ
viśuddhacittaḥ sarvasmin rūpe saṃsthāpayenmanaḥ

the wise counsel that consciousness should be concentrated at these various places again and again until victory is attained. When the objects of consciousness become purified, then establish the mind in My (Universal) form.

- 59 -

यावन्मनो लयं याति देव्यां संविदि पर्वत ।

तावदिष्टमनुं मन्त्री जपहोमैः समभ्यसेत् ॥

yāvanmano layaṃ yāti devyāṃ saṃvidi parvata
tāvadiṣṭamanuṃ mantrī japahomaiḥ samabhyaset

Until the mind is not dissolving into the Goddess according to the method, oh Mountain, the wise counsel that contemplation of the chosen deity, japa and homa, these practices should be continued.

- 60 -

मन्त्राभ्यासेन योगेन ज्ञेयज्ञानाय कल्पते ।
न योगेन विना मन्त्रो न मन्त्रेण विना हि सः ॥

mantrābhyāsena yogena jñeyajñānāya kalpate
na yogena vinā mantro na mantreṇa vinā hi saḥ

By means of practice of the mantra and of Yoga, the objective of knowledge becomes conceived of as Wisdom. Without Yoga there is no mantra, and without mantra there is no Yoga.

- 61 -

द्वयोरभ्यासयोगो हि ब्रह्मसंसिद्धिकारणम् ।
तमःपरिवृते गेहे घटो दीपेन दृश्यते ॥

dvayorabhyāsayogo hi brahmasaṃsiddhikāraṇam
tamaḥparivṛte gehe ghaṭo dīpena dṛśyate

Both practiced together are the cause for the attainment of the Supreme Divinity. When a house is filled with darkness, (only) by a light can a jar (the contents within) be seen.

- 62 -

एवं मायावृतो ह्यात्मा मनुना गोचरीकृतः ।
इति योगविधिः कृत्स्नः साङ्गः प्रोक्तो मयाऽधुना ॥

evaṃ māyāvṛto hyātmā manunā gocarīkṛtaḥ
iti yogavidhiḥ kṛtsnaḥ sāṅgaḥ prokto mayā-dhunā

Just so, with the (continuous) changes in Māyā, the Soul is hidden, and humanity only moves towards the objects of sense. Thus, now the system of Yoga has been explained by Me, along with all of its limbs.

- 63 -

गुरूपदेशतो ज्ञेयो नाऽन्यथा शास्त्रकोटिभिः ॥

gurūpadeśato jñeyo nā-nyathā śāstrakoṭibhiḥ

You should learn (more) instructions from a Guru; no other Scriptures, not even ten million of them (will give you the realization).

Chapter 8

श्रीदेव्युवाच

śrīdevyuvāca

The Goddess said:

- 1 -

इत्यादियोगयुक्तात्मा ध्यायेन्मां ब्रह्मरूपिणीम् ।

भक्त्या निर्व्याजया राजन्नासने समुपस्थितः ॥

ityādiyogayuktātmā dhyāyenmāṃ brahmarūpiṇīm
bhaktyā nirvyājayā rājannāsane samupasthitaḥ

Thus by the various practices of Yoga, unite the Soul in meditation on Me, the form of the Supreme Divinity. Oh King, devotees should become free from all afflictions, and sitting in a yogic posture, should become fully present.

- 2 -

आविः सन्निहितं गुहाचरं नाम महत्पदम् ।

अत्रैतत् सर्वमर्पितमेजत्प्राणन्निमिषच्च यत् ॥

āviḥ sannihitaṃ guhācaraṃ nāma mahatpadam
atraitat sarvamarpitamejatprāṇannimiṣacca yat

It is manifest in union, moving in secret, whose name is a great word. All that is, all manifested existence, and all life, attains liberation in It.

- 3 -

एतज्ज्ञानथ सदसद्वरेण्यं

परं विज्ञानाद्यद्वरिष्ठं प्रजानाम् ।

यदर्चिमद्यदणुभ्योऽणु च

यस्मिँल्लोका निहिता लोकिनश्च ॥

etajjānatha sadasadvareṇyaṃ
paraṃ vijñānādyadvariṣṭhaṃ prajānām
yadarcimadyadaṇubhyo-ṇu ca
yasmiṁlloka nihitā lokinaśca

It is the true of the true for all beings born, higher than the highest, the most excellent knowledge for all that lives. It is brilliant, most minute amongst the small, and with It the worlds have been fixed as well as their leaders.

\- 4 -

तदेतदक्षरं ब्रह्म स प्राणस्तदु वाङ्मनः ।
तदेतत् सत्यममृतं तद्वेद्धव्यं सौम्य विद्धि ॥

tadetadakṣaraṃ brahma sa prāṇastadu vāṅmanaḥ
tadetat satyamamṛtaṃ tadveddhavyaṃ saumya viddhi

It is the Imperishable Brahma (Supreme Divinity). It is life, It is speech and mind. It and only It is truth and the nectar of immortality. It alone is the beautifully pure Knowledge.

\- 5 -

धनुर्गृहीत्वौपनिषदं महास्त्रं
शरं ह्युपासानिशितं सन्धयीत ।
आयम्य तद्भावगतेन चेतसा
लक्ष्यं तदेवाक्षरं सौम्य विद्धि ॥

dhanurgṛhītvaupaniṣadaṃ mahāstraṃ
śaraṃ hyupāsāniśitaṃ sandhayīta
āyamya tadbhāvagatena cetasā
lakṣyaṃ tadevākṣaraṃ saumya viddhi

In the bow place the arrow of upaniṣad (understanding), the great weapon to come close to the vicinity of union. I am That. With an attitude of intuition, direct consciousness to the goal, only that beautiful imperishable knowledge.

- 6 -

प्रणवो धनुः शरो ह्यात्मा ब्रह्म तल्लक्ष्यमुच्यते ।
अप्रमत्तेन वेद्धव्यं शरवत्तन्मयो भवेत् ॥

praṇavo dhanuḥ śaro hyātmā brahma tallakṣyamucyate
apramattena veddhavyaṃ śaravattanmayo bhavet

Praṇava Oṃ is the bow, the Soul is the arrow, and Supreme Divinity is the target (or goal). By means of full attention, the knowledgeable one will cause the arrow to strike that (target), whereupon he becomes Me.

- 7 -

यस्मिन् द्यौश्च पृथिवी चाऽन्तरिक्ष-
मोतं मनः सह प्राणैश्च सर्वैः ।
तमेवैकं जानथात्मानमन्या
वाचो विमुञ्चथामृतस्यैष सेतुः ॥

yasmin dyauśca pṛthivī cā-ntarikṣam
otaṃ manaḥ saha prāṇaiśca sarvaiḥ
tamevaikaṃ jānathātmānamanyā
vāco vimuñcathāmṛtasyaiṣa setuḥ

Here heaven, earth and the atmosphere have their being, along with the mind of all that lives. It is the only One, the Soul of all beings born, and no other. Leave all words, take this bridge to the nectar of immortality.

- 8 -

अरा इव रथनाभौ संहता यत्र नाड्यः ।
स एषोऽन्तश्चरते बहुधा जायमानः ॥

arā iva rathanābhau saṃhatā yatra nāḍyaḥ
sa eṣo-ntaścarate bahudhā jāyamānaḥ

Just as the spokes are attached to the hub of a wheel, in the same way all the naḍīs (subtle and gross channels of circulation) are fastened in the One. It moves within the interior as diverse victorious thoughts.

- 9 -

ओमित्येव ध्यायथात्मानं स्वस्ति

वः पाराय तमसः परस्तात् ।

दिव्ये ब्रह्मपुरे व्योम्नि आत्मा सम्प्रतिष्ठितः ॥

omityeva dhyāyathātmānaṃ svasti
vaḥ pārāya tamasaḥ parastāt
divye brahmapure vyomni ātmā sampratiṣṭhitaḥ

Meditate on the Soul by means of Oṃ, which will grant prosperity in rejecting darkness. In the light of the fire burning in the City of Supreme Divinity, the Soul is completely established.

- 10 -

मनोमयः प्राणशरीरनेता

प्रतिष्ठितोऽन्ने हृदयं सन्निधाय ।

तद्विज्ञानेन परिपश्यन्ति धीरा

आनन्दरूपममृतं यद्विभाति ॥

manomayaḥ prāṇaśarīranetā
pratiṣṭhito-nne hṛdayaṃ sannidhāya
tadvijñānena paripaśyanti dhīrā
ānandarūpamamṛtaṃ yadvibhāti

Mind manifests as the life force and is established in the matter of the body (the most gross envelope of the Supreme Spirit) gathering together in the heart. By means of that knowledge, the perceivers see beyond to the form of Supreme Bliss, to the nectar of immortality, to that shining light.

- 11 -

भिद्यते हृदयग्रन्थिश्छिद्यन्ते सर्वसंशयाः ।

क्षीयन्ते चाऽस्य कर्माणि तस्मिन् दृष्टे परावरे ॥

bhidyate hṛdayagranthiśchidyante sarvasaṃśayāḥ
kṣīyante cā-sya karmāṇi tasmin dṛṣṭe parāvare

Cleaving the bonds of the heart and cutting the knots of all doubts, with the destruction of these (bonds of all) activity, one is able to perceive the highest blessing.

- 12 -

हिरण्मये परे कोशे विरजं ब्रह्म निष्कलम् ।

तच्छुभ्रं ज्योतिषां ज्योतिस्तद्यदात्मविदो विदुः ॥

hiraṇmaye pare kośe virajaṃ brahma niṣkalam
tacchubhraṃ jyotiṣāṃ jyotistadyadātmavido viduḥ

The Golden Manifestation (the cosmic egg of existence) is the ultimate sheath which resides without attributes with the Supreme Divinity. That radiant Light of all lights, that Soul, is known by the wise.

- 13 -

न तत्र सूर्यो भाति न चन्द्रतारकं

नेमा विद्युतो भान्ति कुतोऽयमग्निः ।

तमेव भान्तमनु भाति सर्वं

तस्य भासा सर्वमिदं विभाति ॥

na tatra sūryo bhāti na candratārakaṃ
nemā vidyuto bhānti kuto-yamagniḥ
tameva bhāntamanu bhāti sarvaṃ
tasya bhāsā sarvamidaṃ vibhāti

There is not the light of the Sun nor the Moon nor the stars; neither does lightning shine (there) nor fire. There only shines the Light of all light that is, the Light which illuminates all this (existence or every other light).

- 14 -

ब्रह्मैवेदममृतं पुरस्ताद् ब्रह्म पश्चाद् ब्रह्म दक्षिणतश्चोत्तरेण ।
अधश्चोर्ध्वं च प्रसृतं ब्रह्मैवेदं विश्वं वरिष्ठम् ॥

brahmaivedamamṛtaṃ purastād brahma
paścād brahma dakṣiṇataścottareṇa
adhaścordhvaṃ ca prasṛtaṃ
brahmaivedaṃ viśvaṃ variṣṭham

Brahma (the Supreme Divinity) is verily this nectar of immortality. In front is Brahma, behind is Brahma, in the South and in the North, below and above, this universe issued forth from the blessing of the chosen deity.

- 15 -

एतादृगनुभवो यस्य स कृतार्थो नरोत्तमः ।
ब्रह्मभूतः प्रसन्नात्मा न शोचति न काङ्क्षति ॥

etādṛganubhavo yasya sa kṛtārtho narottamaḥ
brahmabhūtaḥ prasannātmā na śocati na kāṅkṣati

Who perceives this with an attitude of intensity, he accomplishes his objectives and becomes a man of excellence. He becomes the Supreme Divinity, with a contented Soul, with neither grief nor desires.

- 16 -

द्वितीयाद्वै भयं राजंस्तदभावाद्बिभेति न ।
न तद्वियोगो मेऽप्यस्ति मद्वियोगोऽपि तस्य न ॥

dvitīyādvai bhayaṃ rājaṃstadabhāvādbibheti na
na tadviyogo me-pyasti madviyogo-pi tasya na

From remembering a second, fear arises, oh King. Without a second there can be no fear. Neither can one be disunited from Me, nor can I be disunited from him.

- 17 -

अहमेव स सोऽहं वै निश्चितं विद्धि पर्वत ।
मद्दर्शनं तु तत्र स्याद्यत्र ज्ञानी स्थितो मम ॥

ahameva sa so-haṃ vai niścitaṃ viddhi parvata
maddarśanaṃ tu tatra syādyatra jñānī sthito mama

I am only he, also he is I, with a certainty this is known, oh Mountain. Where I am perceived, there My jñānī (knower of Wisdom) is situated.

- 18 -

नाऽहं तीर्थे न कैलासे वैकुण्ठे वा न कर्हिचित् ।
वसामि किन्तु मज्ज्ञानिहृदयाम्भोजमध्यमे ॥

nā-haṃ tīrthe na kailāse vaikuṇṭhe vā na karhicit
vasāmi kintu majjñānihṛdayāmbhojamadhyame

Neither do I (reside) in any sacred place of pilgrimage, nor in Kailāsa (the home of Lord Śiva), nor in Vaikuṇṭha (the home of Lord Viṣṇu), nor any such place. But I dwell in the middle of the lotus of the heart of My jñāni.

- 19 -

मत्पूजाकोटिफलदं सकृन्मज्ज्ञानिनोऽर्चनम् ।
कुलं पवित्रं तस्याऽस्ति जननी कृतकृत्यका ॥

matpūjākoṭiphaladaṃ sakṛnmajjñānino-rcanam
kulaṃ pavitraṃ tasyā-sti jananī kṛtakṛtyakā

Ten million times the fruit of My worship is received by him who makes offerings to My jñānī. His family becomes pure, and his mother attains the fruition of karma.

- 20 -

विश्वम्भरा पुण्यवती चिल्लयो यस्य चेतसः ।
ब्रह्मज्ञानं तु यत्पृष्टं त्वया पर्वतसत्तम ॥

viśvambharā puṇyavatī cillayo yasya cetasaḥ
brahmajñānaṃ tu yatpṛṣṭaṃ tvayā parvatasattama

The universe becomes clothed with merit, when you bow with respect to one whose consciousness is absorbed in the Wisdom of Supreme Divinity, oh Most True Among Mountains.

\- 21 -

कथितं तन्मया सर्वं नातो वक्तव्यमस्ति हि ।
इदं ज्येष्ठाय पुत्राय भक्तियुक्ताय शीलिने ॥

kathitaṃ tanmayā sarvaṃ nāto vaktavyamasti hi
idaṃ jyeṣṭhāya putrāya bhaktiyuktāya śīline

All has been explained by Me, and there remains nothing left to be spoken. This (may be conveyed) to the oldest son, who is filled with devotion and the repository of good qualities,

\- 22 -

शिष्याय च यथोक्ताय वक्तव्यं नाऽन्यथा क्वचित् ।
यस्य देवे परा भक्तिर्यथा देवे तथा गुरौ ॥

śiṣyāya ca yathoktāya vaktavyaṃ nā-nyathā kvacit
yasya deve parā bhaktiryathā deve tathā gurau

to disciples and others who are suitable, but it is not to be imparted to any others who are not. To those who have the highest devotion for the Gods, and equally for the Guru, just as for the Gods,

\- 21 -

तस्यैते कथिता ह्यर्थाः प्रकाशन्ते महात्मनः ।
येनोपदिष्टा विद्येयं स एव परमेश्वरः ॥

tasyaite kathitā hyarthāḥ prakāśante mahātmanaḥ
yenopadiṣṭā vidyeyaṃ sa eva parameśvaraḥ

to such as these should the meanings be explained, so the great souls have declared. Who imparts this instruction is to be regarded even as the Supreme Lord of All.

- 24 -

यस्याऽयं सुकृतं कर्तुमसमर्थस्ततो ऋणी ।
पित्रोरप्यधिकः प्रोक्तो ब्रह्मजन्मप्रदायकः ॥

yasyāyaṃ sukṛtaṃ kartumasamarthastato ṛṇī
pitrorapyadhikaḥ prokto brahmajanmapradāyakaḥ

Who has received the benefits of this excellent action (instruction), has no capacity to be free from debt. It is said that a greater authority resides with a father who has bestowed birth in Brahmā (divinity).

- 25 -

पितृजातं जन्म नष्टं नेत्थं जातं कदाचन ।
तस्मै न द्रुह्येदित्यादि निगमोऽप्यवदन्नग ॥

pitṛjātaṃ janma naṣṭaṃ netthaṃ jātaṃ kadācana
tasmai na druhyedityādi nigamo-pyavadannaga

The father who gives birth (to a body), his gift will be destroyed. But the birth (in divinity) is never destroyed. Therefore, do not cause harm to him whose speech has caused knowledge.

- 26 -

तस्माच्छास्त्रस्य सिद्धान्तो ब्रह्मदाता गुरुः परः ।
शिवे रुष्टे गुरुस्त्राता गुरौ रुष्टे न शङ्करः ॥

tasmācchāstrasya siddhānto brahmadātā guruḥ paraḥ
śive ruṣṭe gurustrātā gurau ruṣṭe na śaṅkaraḥ

Therefore, in all the conclusions of the Scriptures, who imparts the knowledge of Brahma (Supreme Knowledge) is the highest Guru. If Śiva becomes angry, the Guru can save. But if the Guru becomes angry, Śaṅkara cannot.

- 27 -

तस्मात् सर्वप्रयत्नेन श्रीगुरुं तोषयेन्नग ।
कायेन मनसा वाचा सर्वदा तत्परो भवेत् ॥

tasmāt sarvaprayatnena śrīgurum toṣayennaga
kāyena manasā vācā sarvadā tatparo bhavet

Therefore, sparing no effort, the respected Guru should be pleased, oh Mountain, by body, mind and speech, always, that is foremost.

- 28 -

अन्यथा तु कृतघ्नः स्यात् कृतघ्ने नास्ति निष्कृतिः ।
इन्द्रेणाऽथर्वणायोक्ता शिरश्छेदप्रतिज्ञया ॥

anyathā tu kṛtaghnaḥ syāt kṛtaghne nāsti niṣkṛtiḥ
indreṇā-tharvaṇāyoktā śiraśchedapratijñayā

Otherwise, if a disciple be ungrateful, in his lack of gratitude, he destroys what he has accomplished. When Indra taught Atharvaṇa (this Wisdom), he took the promise that he would sever his head (if he ever imparted it to another).

- 29 -

अश्विभ्यां कथने तस्य शिरश्छिन्नं च वज्रिणा ।
अश्वीयं तच्छिरो नष्टं दृष्ट्वा वैद्यौ सुरोत्तमौ ॥

aśvibhyām kathane tasya śiraśchinnam ca vajriṇā
aśvīyam tacchiro naṣṭam dṛṣṭvā vaidyau surottamau

The Aśvin twins asked to learn from Atharvaṇa, whereupon he told that the wielder of the thunderbolt (Indra) would cut his head (if he imparted the knowledge). Then the Aśvins cut the head themselves, (replacing it with another), and received all the knowledge from that excellent divinity.

- 30 -

पुनः संयोजितं स्वीयं ताभ्यां मुनिशिरस्तदा ।
इति सङ्कटसम्पाद्या ब्रह्मविद्या नगाधिप ॥

punaḥ saṃyojitaṃ svīyaṃ tābhyāṃ muniśirastadā
iti saṅkaṭasampādyā brahmavidyā nagādhipa

(When Indra cut the head which spoke), then again they affixed his own original head. Then the wise man kept his head. Thus, great difficulties must be overcome to attain the Knowledge of the Supreme, oh Chief Among Mountains.

- 31 -

लब्धा येन स धन्यः स्यात् कृतकृत्यश्च भूधर ॥

labdhā yena sa dhanyaḥ syāt kṛtakṛtyaśca bhūdhara

Whoever obtains it is blessed and attains the effects of his actions.

Chapter 9

हिमालय उवाच

himālaya uvāca
Himālaya said:

- 1 -

स्वीयां भक्तिं वदस्वाऽम्ब येन ज्ञानं सुखेन हि ।
जायेत मनुजस्याऽस्य मध्यमस्याऽविरागिणः ॥

svīyāṃ bhaktiṃ vadasvā-mba yena jñānaṃ sukhena hi
jāyeta manujasyā-sya madhyamasyā-virāgiṇaḥ
Tell of Your own Devotion, oh Mother, by means of which Wisdom is easily attained. Men can become victorious, even ordinary men, who are not devoid of attachment.

देव्युवाच

devyuvāca
The Goddess said:

- 2 -

मार्गास्त्रयो मे विख्याता मोक्षप्राप्तौ नगाधिप ।
कर्मयोगो ज्ञानयोगो भक्तियोगश्च सत्तम ॥

mārgāstrayo me vikhyātā mokṣaprāptau nagādhipa
karmayogo jñānayogo bhaktiyogaśca sattama
The well known path to Me harmonizes three to attain to Self-Realization (liberation), oh Chief of Mountains. These are in truth: Karma Yoga, Jñāna Yoga and Bhakti Yoga.

- 3 -

त्रयाणामप्ययं योगः कर्तुं शक्योऽस्ति सर्वथा ।
सुलभत्वान्मानसत्वात् कायचित्ताद्यपीडनात् ॥

trayāṇāmapyayaṃ yogaḥ kartuṃ śakyo-sti sarvathā
sulabhatvānmānasatvāt kāyacittādyapīḍanāt

The harmony of these three is most suitable in performance to be capable of all attainment. It is easier to absorb thoughts in truth, when consciousness of the body is free from suffering.

- 4 -

गुणभेदान्मनुष्याणां सा भक्तिस्त्रिविधा मता ।
परपीडां समुद्दिश्य दम्भं कृत्वा पुरःसरम् ॥

guṇabhedānmanuṣyāṇāṃ sā bhaktistrividhā matā
parapīḍāṃ samuddiśya dambhaṃ kṛtvā puraḥsaram

As the qualities of men differ, so also the qualities of devotion are understood as three. Leading another into difficulties by means of fraud or deceit,

- 5 -

मात्सर्यक्रोधयुक्तो यस्तस्य भक्तिस्तु तामसी ।
परपीडादिरहितः स्वकल्याणार्थमेव च ॥

mātsaryakrodhayukto yastasya bhaktistu tāmasī
parapīḍādirahitaḥ svakalyāṇārthameva ca

exhibiting jealousy or anger, such devotion is Tāmasī (manifesting darkness or ignorance). If forsaking all difficulties, and only for the purpose of his own welfare,

- 6 -

नित्यं सकामो हृदयं यशोर्थी भोगलोलुपः ।
तत्तत्फलसमावाप्त्यै मामुपास्तेऽतिभक्तितः ॥

nityaṃ sakāmo hṛdayaṃ yaśorthī bhogalolupaḥ
tattatphalasamāvāptyai māmupāste-tibhaktitaḥ

always some desire inhabits his heart for fame or some worldly enjoyment, thinking of the attainment of this or that fruit resulting from his worship with great devotion,

- 7 -

भेदबुद्ध्या तु मां स्वस्मादन्यां जानाति पामरः ।
तस्य भक्तिः समाख्याता नगाधिप तु राजसी ॥

bhedabuddhyā tu māṃ svasmādanyāṃ jānāti pāmaraḥ
tasya bhaktiḥ samākhyātā nagādhipa tu rājasī

or if thinking himself different from Me, he makes his bad character known to others, that devotion is reckoned, oh King of Mountains, as Rājasī (manifesting attachment).

- 8 -

परमेशार्पणं कर्म पापसङ्क्षालनाय च ।
वेदोक्तत्वादवश्यं तत्कर्तव्यं तु मयाऽनिशम् ॥

parameśārpaṇaṃ karma pāpasaṅkṣālanāya ca
vedoktatvādavaśyaṃ tatkartavyaṃ tu mayā-niśam

Offering to the Supreme Divinity in order to purify all sins, as has been required by Scriptures of Wisdom, that sacred duty to Me is continually performed as an honor and privilege.

- 9 -

इति निश्चितबुद्धिस्तु भेदबुद्धिमुपाश्रितः ।
करोति प्रीतये कर्म भक्तितः सा नग सात्त्विकी ॥

iti niścitabuddhistu bhedabuddhimupāśritaḥ
karoti prītaye karma bhaktitaḥ sā naga sāttvikī

Thus the presence of Intelligence is certain, but this Intelligence is still divided (thinking the devotee is different from the recipient). He performs actions for my pleasure; this devotion, oh Mountain, is Sāttvikī (manifesting truth).

- 10 -

परभक्तेः प्रापिकेयं भेदबुद्ध्यवलम्बनात् ।
पूर्वप्रोक्ते ह्युभे भक्तो न परप्रापिके मते ॥

parabhakteḥ prāpikeyaṃ bhedabuddhyavalambanāt
pūrvaprokte hyubhe bhakto na paraprāpike mate

In the attainment of Supreme Devotion, the knowledge of distinction is removed. The previously elucidated two forms of devotion (Tāmasa and Rājasa) do not lead the devotee to the attainment of Supreme Devotion. (Only Sāttvika Devotion can lead to the Supreme Devotion.)

- 11 -

अधुना पराभक्तिं तु प्रोच्यमानां निबोध मे ।
मद्गुणश्रवणं नित्यं मम नामानुकीर्तनम् ॥

adhunā parābhaktiṃ tu procyamānāṃ nibodha me
madguṇaśravaṇaṃ nityaṃ mama nāmānukīrtanam

Now, pay attention to a discussion of My knowledge about Supreme Devotion. Always listening to My qualities, singing My names,

- 12 -

कल्याणगुणरत्नानामाकरायां मयि स्थिरम् ।
चेतसो वर्तनं चैव तैलधारासमं सदा ॥

kalyāṇaguṇaratnānāmākarāyāṃ mayi sthiram
cetaso vartanaṃ caiva tailadhārāsamaṃ sadā

the repository of the jewels of the qualities of welfare, contemplating the Infinite, he resides in Me. His Consciousness remains fixed only, just as oil always gives moisture.

- 13 -

हेतुस्तु तत्र को वाऽपि न कदाचिद्भवेदपि ।
सामीप्यसार्ष्टिसायुज्यसालोक्यानां न चैषणा ॥

hetustu tatra ko vā-pi na kadācidbhavedapi
sāmīpya sārṣṭi sāyujya sālokyānāṃ na caiṣaṇā

He maintains no other motivation there, nor is there any other desire. (Not even desire for the different stages of samādhi: sāmīpya (performing the same activities as the deity), sārṣṭi (maintaining the same perception as the deity), sāyujya (the perfection of union with the deity), sālokya (remaining in the same paradigm of experience as the deity).

- 14 -

मत्सेवातोऽधिकं किञ्चिन्नैव जानाति कर्हिचित् ।
सेव्यसेवकताभावात्तत्र मोक्षं न वाञ्छति ॥

matsevāto-dhikaṃ kiñcinnaiva jānāti karhicit
sevyasevakatābhāvāttatra mokṣaṃ na vāñchati

He considers My sevā (selfless service of pure love) as most important, and knows of nothing else. He maintains there the attitude that I am the servant of the served, and has no desire for even liberation.

- 15 -

परानुरक्त्या मामेव चिन्तयेद्यो ह्यतन्द्रितः ।
स्वाभेदेनैव मां नित्यं जानाति न विभेदतः ॥

parānuraktyā māmeva cintayedyo hyatandritaḥ
svābhedenaiva māṃ nityaṃ jānāti na vibhedataḥ

With the greatest Love he thinks only of Me, knowing himself to be indivisible from Me eternally and never separate.

- 16 -

मद्रूपत्वेन जीवानां चिन्तनं कुरुते तु यः ।
यथा स्वस्यात्मनि प्रीतिस्तथैव च परात्मनि ॥

madrūpatvena jīvānāṃ cintanaṃ kurute tu yaḥ
yathā svasyātmani prītistathaiva ca parātmani

With My form all Individual Souls are conceived, and all action rendered unto them. In the same way that his own Soul is beloved, just so is the Supreme Soul.

- 17 -

चैतन्यस्य समानत्वान्न भेदं कुरुते तु यः ।
सर्वत्र वर्तमानानां सर्वरूपां च सर्वदा ॥

caitanyasya samānatvānna bhedaṃ kurute tu yaḥ
sarvatra vartamānānāṃ sarvarūpāṃ ca sarvadā

Consciousness is equal (ever the same), and no distinction is ever made, everywhere, for now and all time, in every form and for always.

- 18 -

नमते यजते चैवाप्याचाण्डालान्तमीश्वर ।
न कुत्रापि द्रोहबुद्धिं कुरुते भेदवर्जनात् ॥

namate yajate caivāpyācāṇḍālāntamīśvara
na kutrāpi drohabuddhiṃ kurute bhedavarjanāt

He bows down and venerates the caṇḍālas (outcaste persons) even as Īśvara (the Supreme Divinity). He never manifests low intelligence because all distinctions have been rejected.

- 19 -

मत्स्थानदर्शने श्रद्धा मद्भक्तदर्शने तथा ।
मच्छास्त्रश्रवणे श्रद्धा मन्त्रतन्त्रादिषु प्रभो ॥

matsthānadarśane śraddhā madbhaktadarśane tathā
macchāstraśravaṇe śraddhā mantratantrādiṣu prabho

He becomes filled with devotion to Me whenever he sees My sacred places. He sees My devotees with great faith, he listens to the Scriptures with faith, and is a Master of mantras and tantras, etc.

\- 20 -

मयि प्रेमाकुलमती रोमाञ्चिततनुः सदा ।
प्रेमाश्रुजलपूर्णाक्षः कण्ठगद्गदनिस्वनः ॥

mayi premākulamatī romāñcitatanuḥ sadā
premāśrujalapūrṇākṣaḥ kaṇṭhagadgadanisvanaḥ

He is overflowing with Love for Me, the hairs always stand up upon his body. Water caused by the tears of his Love always flows, and his voice is choked with emotion.

\- 21 -

अनन्येनैव भावेन पूजयेद्यो नगाधिप ।
मामीश्वरीं जगद्योनिं सर्वकारणकारणम् ॥

ananyenaiva bhāvena pūjayedyo nagādhipa
māmīśvarīṃ jagadyoniṃ sarvakāraṇakāraṇam

With an attitude of greatest intensity he worships Me, oh King of Mountains, as the Supreme Divinity, the Womb of the Universe, the Cause of all causes.

\- 22 -

व्रतानि मम दिव्यानि नित्यनैमित्तिकान्यपि ।
नित्यं यः कुरुते भक्त्या वित्तशाठ्यविवर्जितः ॥

vratāni mama divyāni nityanaimittikānyapi
nityaṃ yaḥ kurute bhaktyā vittaśāṭhyavivarjitaḥ

He performs all of the vows of worship for Me, all the regular and special occasions for worship, with great devotion, and displaying any miserly attitude in the costs is completely forbidden.

- 23 -

मदुत्सवदिदृक्षा च मदुत्सवकृतिस्तथा ।
जायते यस्य नियतं स्वभावादेव भूधर ॥

madutsavadidṛkṣā ca madutsavakṛtistathā
jāyate yasya niyataṃ svabhāvādeva bhūdhara

He desires to see My festivals of worship, he desires to perform My festivals of worship. His is eternal victory, as he has become of the nature of deva (divine being).

- 24 -

उच्चैर्गायंश्च नामानि ममैव खलु नृत्यति ।
अहङ्कारादिरहितो देहतादात्म्यवर्जितः ॥

uccairgāyaṃśca nāmāni mamaiva khalu nṛtyati
ahaṅkārādirahito dehatādātmyavarjitaḥ

Loudly he sings My names, and even further, he dances! He is free from egotism, etc., and rejects the (imposition) of the body upon the Soul.

- 25 -

प्रारब्धेन यथा यच्च क्रियते तत्तथा भवेत् ।
न मे चिन्ताऽस्ति तत्रापि देहसंरक्षणादिषु ॥

prārabdhena yathā yacca kriyate tattathā bhavet
na me cintā-sti tatrāpi dehasaṃrakṣaṇādiṣu

He knows that all is being performed from Prārabdha (actions performed in the past, which are the cause of present effects), and therefore, must come to be. He keeps his thoughts centered in Me, and does not fear for the protection of his body.

- 26 -

इति भक्तिस्तु या प्रोक्ता परभक्तिस्तु सा स्मृता ।
यस्यां देव्यतिरिक्तं तु न किञ्चिदपि भाव्यते ॥

iti bhaktistu yā proktā parabhaktistu sā smṛtā
yasyāṃ devyatiriktaṃ tu na kiñcidapi bhāvyate

This is an explanation about Devotion, remembered as the Supreme Devotion, wherein an attitude of extreme intensity is maintained towards the Goddess, and not to any other idea.

- 27 -

इत्थं जाता परा भक्तिर्यस्य भूधर तत्त्वतः ।
तदैव तस्य चिन्मात्रे मद्रूपे विलयो भवेत् ॥

itthaṃ jātā parā bhaktiryasya bhūdhara tattvataḥ
tadaiva tasya cinmātre madrūpe vilayo bhavet

Whoever can produce this Supreme Devotion, becomes One with the Principles. His Consciousness perceives only That, and he becomes dissolved in My form.

- 28 -

भक्तेस्तु या परा काष्ठा सैव ज्ञानं प्रकीर्तितम् ।
वैराग्यस्य च सीमा सा ज्ञाने तदुभयं यतः ॥

bhaktestu yā parā kāṣṭhā saiva jñānaṃ prakīrtitam
vairāgyasya ca sīmā sā jñāne tadubhayaṃ yataḥ

This kind of Devotion is the highest measure of what is known as Wisdom. Freedom from attachment is its other name or limit. In Wisdom, both are present together.

- 29 -

भक्तौ कृतायां यस्यापि प्रारब्धवशतो नग ।
न जायते मम ज्ञानं मणिद्वीपं स गच्छति ॥

bhaktau kṛtāyāṃ yasyāpi prārabdhavaśato naga
na jāyate mama jñānaṃ maṇidvīpaṃ sa gacchati

Who performs Devotion can subdue his Prārabdha, oh Mountain. When he attains to My Wisdom, he goes to the Maṇidvīpa (Island of Jewels, residence of the Goddess).

- 30 -

तत्र गत्वाऽखिलान् भोगाननिच्छन्नपि चर्च्छति ।

तदन्ते मम चिद्रूपज्ञानं सम्यग्भवेन्नग ॥

tatra gatvā-khilān bhogānanicchannapi carcchati
tadante mama cidrūpajñānaṃ samyagbhavennaga

Going there, he enjoys infinite delight, and his every desire is fulfilled. Ultimately he attains union with the Wisdom of My form of Consciousness, oh Mountain.

- 31 -

तेन मुक्तः सदैव स्याज्ज्ञानान्मुक्तिर्न चाऽन्यथा ।

इहैव यस्य ज्ञानं स्याद् हृद्गतप्रत्यगात्मनः ॥

tena muktaḥ sadaiva syājjñānānmuktirna cā-nyathā
ihaiva yasya jñānaṃ syād hṛdgatapratyagātmanaḥ

By this means Self-Realization is attained, and he becomes divine. There is no Self-Realization without Wisdom, there is no other way. Who attains to this Wisdom finds the Universal Spirit in his heart.

- 32 -

मम संवित्परतनोस्तस्य प्राणा व्रजन्ति न ।

ब्रह्मैव संस्तदाप्नोति ब्रह्मैव ब्रह्म वेद यः ॥

mama saṃvitparatanostasya prāṇā vrajanti na
brahmaiva saṃstadāpnoti brahmaiva brahma veda yaḥ

Who attains the highest manifestation of My full Knowledge, his life force travels only to Brahma. It is said, "He only is Brahma who knows Brahma."

- 33 -

कण्ठं चामीकरसममज्ञानात्तु तिरोहितम् ।

ज्ञानादज्ञाननाशेन लब्धमेव हि लभ्यते ॥

kaṇṭhaṃ cāmīkarasamamajñānāttu tirohitam
jñānādajñānanāśena labdhameva hi labhyate

In the logic of Kaṇṭha Cāmīkara (gold on the neck), wisdom was concealed. By wisdom, lack of wisdom is destroyed. (Something new) is not gained, only he found (that which he already had).

- 34 -

विदिताविदितादन्यन्नगोत्तम वपुर्मम ।
यथाऽऽदर्शे तथाऽऽत्मनि यथा जले तथा पितृलोके ॥

viditāviditādanyannagottama vapurmama
yathā--darśe tathā--tmani yathā jale tathā pitṛloke

From this understanding comes understanding of My embodied forms, manifested in Ideals, in Souls, in waters, as in the realms of the ancestors.

- 35 -

छायातपौ यथा स्वच्छौ विविक्तौ तद्वदेव हि ।
मम लोके भवेज्ज्ञानं द्वैतभावविर्जितम् ॥

chāyātapau yathā svacchau viviktau tadvadeva hi
mama loke bhavejjñānaṃ dvaitabhāvavirjitam

Shadows and light are said to be distinguished as independent. In My realm of Wisdom, attitudes of duality are forbidden.

- 36 -

यस्तु वैराग्यवानेव ज्ञानहीनो म्रियेत चेत् ।
ब्रह्मलोके वसेन्नित्यं यावत् कल्पं ततः परम् ॥

yastu vairāgyavāneva jñānahīno mriyeta cet
brahmaloke vasennityaṃ yāvat kalpaṃ tataḥ param

Who attains non-attachment only, without the fullest (attainment) of the Wisdom of absorbed consciousness, will reside in Brahmaloka (the realms of Supreme Divinity) eternally, at least until an age has past or beyond.

- 37 -

शुचीनां श्रीमतां गेहे भवेत्तस्य जनिः पुनः ।
करोति साधनं पश्चात्ततो ज्ञानं हि जायते ॥

śucīnāṃ śrīmatāṃ gehe bhavettasya janiḥ punaḥ
karoti sādhanaṃ paścāttato jñānaṃ hi jāyate

Then again he will take birth in the home of pure beings of great respect. Thereafter, he will perform spiritual discipline until he attains Wisdom.

- 38 -

अनेकजन्मभी राजन् ज्ञानं स्यान्नैकजन्मना ।
ततः सर्वप्रयत्नेन ज्ञानार्थं यत्नमाश्रयेत् ॥

anekajanmabhī rājan jñānaṃ syānnaikajanmanā
tataḥ sarvaprayatnena jñānārthaṃ yatnamāśrayet

With many births, oh King, Wisdom may be attained. It does not come in one birth. Therefore, devote every effort in the pursuit of Wisdom; take refuge in effort.

- 39 -

नो चेन्महान् विनाशः स्याज्जन्मैतद् दुर्लभं पुनः ।
तत्राऽपि प्रथमे वर्णे वेदप्राप्तिश्च दुर्लभा ॥

no cenmahān vināśaḥ syājjanmaitad durlabhaṃ punaḥ
tatrā-pi prathame varṇe vedaprāptiśca durlabhā

If this great consciousness is not attained, it is a calamity. Again, this human birth is difficult of attainment. Then also, to be of the first caste (at the apex of society), and to have inculcated the Wisdom of the Vedas is also difficult to attain.

- 40 -

शमादिषट्कसम्पत्तिर्योगसिद्धिस्तथैव च ।
तथोत्तमगुरुप्राप्तिः सर्वमेवाऽत्र दुर्लभम् ॥

śamādiṣaṭkasampattiryogasiddhistathaiva ca
tathottamagurupräptiḥ sarvamevā-tra durlabham

Peace, etc., the six forms of wealth which are attained from Yoga, becoming a disciple of an excellent Guru; all of these are difficult of attainment.

- 41 -

तथेन्द्रियाणां पटुता संस्कृतत्वं तनोस्तथा ।
अनेकजन्मपुण्यैस्तु मोक्षेच्छा जायते ततः ॥

tathendriyāṇāṃ paṭutā saṃskṛtatvaṃ tanostathā
anekajanmapuṇyaistu mokṣecchā jāyate tataḥ

To become skillful in controlling the senses and in the minute details of the principles of Saṃskṛt; all require merit. Moreover, it is the merit attained over many births to possess the desire to attain Self-Realization.

- 42 -

साधने सफलेऽप्येवं जायमानेऽपि यो नरः ।
ज्ञानार्थं नैव यतते तस्य जन्म निरर्थकम् ॥

sādhane saphale-pyevaṃ jāyamāne-pi yo naraḥ
jñānārthaṃ naiva yatate tasya janma nirarthakam

That human who is even in close proximity to these excellent fruits of spiritual discipline, who does not make effort towards the goal of Wisdom; his birth is without meaning.

- 43 -

तस्माद्राजन् यथाशक्त्या ज्ञानार्थं यत्नमाश्रयेत् ।
पदे पदेऽश्वमेधस्य फलमाप्नोति निश्चितम् ॥

tasmādrājan yathāśaktyā jñānārthaṃ yatnamāśrayet
pade pade-śvamedhasya phalamāpnoti niścitam

Therefore, oh King, with all energy possible, take refuge in efforts for the attainment of Wisdom. At every step you will receive the fruits of having performed the Aśvamedha Sacrifice to a certainty.

- 44 -

घृतमिव पयसि निगूढं भूते भूते च वसति विज्ञानम् ।
सततं मन्थयितव्यं मनसा मन्थानभूतेन ॥

ghṛtamiva payasi nigūḍhaṃ
bhūte bhūte ca vasati vijñānam
satataṃ manthayitavyaṃ
manasā manthānabhūtena

Even as ghee resides hidden in milk, so in every particle of existence resides Wisdom. Always churn with the rod of the mind, churn all existence (to make the ghee of Wisdom).

- 45 -

ज्ञानं लब्ध्वा कृतार्थः स्यादिति वेदान्तडिण्डिमः ।
सर्वमुक्तं समासेन किं भूयः श्रोतुमिच्छसि ॥

jñānaṃ labdhvā kṛtārthaḥ syāditi vedāntaḍiṇḍimaḥ
sarvamuktaṃ samāsena kiṃ bhūyaḥ śrotumicchasi

"Strive for the purpose of attaining Wisdom!" thus the Vedānta loudly proclaims. Total realization (or liberation) must be pursued. What more do you desire to hear?

Chapter 10

हिमालय उवाच

himālaya uvāca
Himālaya said:

- 1 -

कति स्थानानि देवेशि द्रष्टव्यानि महीतले ।
मुख्यानि च पवित्राणि देवीप्रियतमानि च ॥

kati sthānāni deveśi draṣṭavyāni mahītale
mukhyāni ca pavitrāṇi devīpriyatamāni ca
Oh Supreme Goddess, explain those places that are most worthy to be seen, the best and most pure, most beloved places of the Goddess;

- 2 -

व्रतान्यपि तथा यानि तुष्टिदान्युत्सवा अपि ।
तत् सर्वं वद मे मातः कृतकृत्यो यतो नरः ॥

vratānyapi tathā yāni tuṣṭidānyutsavā api
tat sarvaṃ vada me mātaḥ kṛtakṛtyo yato naraḥ
the vows and festivals which bring You the greatest pleasure. All of that tell me, Mother, the various performances to be done by humans.

श्रीदेव्युवाच

śrīdevyuvāca
The Goddess said:

- 3 -

सर्वं दृश्यं मम स्थानं सर्वे काला व्रतात्मकाः ।
उत्सवाः सर्वकालेषु यतोऽहं सर्वरूपिणी ॥

sarvaṃ dṛśyaṃ mama sthānaṃ sarve kālā vratātmakāḥ
utsavāḥ sarvakāleṣu yato-haṃ sarvarūpiṇī

All that is perceived is My place, and every moment is the time of My vow. Festivals are at every time, because I am the form of all.

- 4 -

तथाऽपि भक्तवात्सल्यात् किञ्चित् किञ्चिदथोच्यते ।
शृणुष्वावहितो भूत्वा नगराज वचो मम ॥

tathā-pi bhaktavātsalyāt kiñcit kiñcidathocyate
śṛṇuṣvāvahito bhūtvā nagarāja vaco mama

Because of love and acceptance of your devotion, I will tell you something. Listen, oh King of Mountains, to My words.

- 5 -

कोलापुरं महास्थानं यत्र लक्ष्मीः सदा स्थिता ।
मातुः पुरं द्वितीयं च रेणुकाधिष्ठितं परम् ॥

kolāpuraṃ mahāsthānaṃ yatra lakṣmīḥ sadā sthitā
mātuḥ puraṃ dvitīyaṃ ca reṇukādhiṣṭhitaṃ param

Kolāpura is a great place of pilgrimage, where Lakṣmī always lives. Mātuḥpura is the second place, where Renukā dwells supremely.

- 6 -

तुलजापुरं तृतीयं स्यात् सप्तशृङ्गं तथैव च ।
हिङ्गुलाया महास्थानं ज्वालामुख्यास्तथैव च ॥

tulajāpuraṃ tṛtīyaṃ syāt saptaśṛṅgaṃ tathaiva ca
hiṅgulāyā mahāsthānaṃ jvālāmukhyāstathaiva ca

Tulajāpura is the third place, and then Saptasṛṅga; the great place of Hiṅgulā, and then of Jvālāmukhī.

\- 7 -

शाकम्भर्या परं स्थानं भ्रामर्याः स्थानमुत्तमम् ।

श्रीरक्तदन्तिकास्थानं दुर्गास्थानं तथैव च ॥

śākambharyā paraṃ sthānaṃ bhrāmaryāḥ sthānamuttamam
śrīraktadantikāsthānaṃ durgāsthānaṃ tathaiva ca

The supreme place of Śākambharī, the excellent place of Bhrāmarī. The place of the respected Srī Raktadantika, and then the place of Durgā.

\- 8 -

विन्ध्याचलनिवासिन्याः स्थानं सर्वोत्तमोत्तमम् ।

अन्नपूर्णामहास्थानं काञ्चीपुरमनुत्तमम् ॥

vindhyācalanivāsinyāḥ sthānaṃ sarvottamottamam
annapūrṇāmahāsthānaṃ kāñcīpuramanuttamam

The place of Vindhyācalavāsinī, the most excellent of excellent places; the great places of Annapūrṇa and the excellent Kāñcīpura.

\- 9 -

भीमादेव्याः परं स्थानं विमलास्थानमेव च ।

श्रीचन्द्रलामहास्थानं कौशिकीस्थानमेव च ॥

bhīmādevyāḥ paraṃ sthānaṃ vimalāsthānameva ca
śrīcandralāmahāsthānaṃ kauśikīsthānameva ca

The supreme place of Bhīmā Devī, as also the place of Vimalā; the great place of Śrī Candralā, and the place of Kauśikī.

- 10 -

नीलाम्बायाः परं स्थानं नीलपर्वतमस्तके ।
जाम्बूनदेश्वरीस्थानं तथा श्रीनगरं शुभम् ॥

nīlāmbāyāḥ paraṃ sthānaṃ nīlaparvatamastake
jāmbūnadeśvarīsthānaṃ tathā śrīnagaraṃ śubham

The supreme place of Nīlāmbā on the top of the Nīla-parvata (Blue Mountain); the place of Jambūnadeśvarī, and the beautiful Śrīnagara.

- 11 -

गुह्यकाल्या महास्थानं नेपाले यत् प्रतिष्ठितम् ।
मीनाक्ष्याः परमं स्थानं यच्च प्रोक्तं चिदम्बरे ॥

guhyakālyā mahāsthānaṃ nepāle yat pratiṣṭhitam
mīnākṣyāḥ paramaṃ sthānaṃ yacca proktaṃ cidambare

The great place of Guhya Kālī, which is established in Nepal, and the supreme place of Mīnākṣī, established in Cidambara.

- 12 -

वेदारण्यं महास्थानं सुन्दर्याः समधिष्ठितम् ।
एकाम्बरं महास्थानं पराशक्त्या प्रतिष्ठितम् ॥

vedāraṇyaṃ mahāsthānaṃ sundaryāḥ samadhiṣṭhitam
ekāmbaraṃ mahāsthānaṃ parāśaktyā pratiṣṭhitam

The great place named Vedāraṇya where Sundarī always resides; the great place of Ekāmbara, where Parāśaktī has been established.

- 13 -

मदालसा परं स्थानं योगेश्वर्यास्तथैव च ।
तथा नीलसरस्वत्याः स्थानं चीनेषु विश्रुतम् ॥

madālasā paraṃ sthānaṃ yogeśvaryāstathaiva ca
tathā nīlasarasvatyāḥ sthānaṃ cīneṣu viśrutam

The supreme place of Madālasā, and that of Yogeśvarī; and then the place of Nīlasarasvatī, which is located in China.

- 14 -

वैद्यनाथे तु बगलास्थानं सर्वोत्तमं मतम् ।
श्रीमच्छ्रीभुवनेश्वर्या मणिद्वीपं मम स्मृतम् ॥

vaidyanāthe tu bagalāsthānaṃ sarvottamaṃ matam
śrīmachrībhuvaneśvaryā maṇidvīpaṃ mama smṛtam

In Baidyanātha, there is the excellent place of Bagalā; the supreme place of Śrī Bhuvaneśvarī, Maṇidvīpa, where I am remembered.

- 15 -

श्रीमत्त्रिपुरभैरव्याः कामाख्यायोनिमण्डलम् ।
भूमण्डले क्षेत्ररत्नं महामायाधिवासितम् ॥

śrīmattripurabhairavyāḥ kāmākhyāyonimaṇḍalam
bhūmaṇḍale kṣetraratnaṃ mahāmāyādhivāsitam

The place of Śrīmat Tripura Bhairavī, Kāmākhyā Yoni Maṇḍala, which is the jewel of all places on the earth, where Mahā Māyā always dwells.

- 16 -

नातः परतरं स्थानं क्वचिदस्ति धरातले ।
प्रतिमासं भवेद्देवी यत्र साक्षाद्रजस्वला ॥

nātaḥ parataraṃ sthānaṃ kvacidasti dharātale
pratimāsaṃ bhaveddevī yatra sākṣādrajasvalā

There is no other place superior to this on the face of the earth. Every month the Goddess actually experiences Her course of menstruation here.

- 17 -

तत्रत्या देवताः सर्वाः पर्वतात्मकतां गताः ।
पर्वतेषु वसन्त्येव महत्यो देवता अपि ॥

tatratyā devatāḥ sarvāḥ parvatātmakatāṃ gatāḥ
parvateṣu vasantyeva mahatyo devatā api

Here all the Gods remain as the soul of the mountains, and great souls dwell upon the mountains as Gods.

- 18 -

तत्रत्या पृथिवी सर्वा देवीरूपा स्मृता बुधैः ।
नातः परतरं स्थानं कामाख्यायोनिमण्डलात् ॥

tatratyā pṛthivī sarvā devīrūpā smṛtā budhaiḥ
nātaḥ parataraṃ sthānaṃ kāmākhyāyonimaṇḍalāt

Of all the places known on the earth where the form of the Divine Mother Goddess is remembered, there is no superior place than Kāmākhyā Yoni Maṇḍala.

- 19 -

गायत्र्याश्च परं स्थानं श्रीमत्पुष्करमीरितम् ।
अमरेशे चण्डिका स्यात् प्रभासे पुष्करेक्षिणी ॥

gāyatryāśca paraṃ sthānaṃ śrīmatpuṣkaramīritam
amareśe caṇḍikā syāt prabhāse puṣkarekṣiṇī

The superior place of Gāyatrī, Śrīmat Puṣkara, the sacred place; and in Amareśa, that of Caṇḍikā; in Prabhāsa, that of Puṣkarekṣinī.

- 20 -

नैमिषे तु महास्थाने देवी सा लिङ्गधारिणी ।
पुरुहूता पुष्कराक्षे आषाढौ च रतिस्तथा ॥

naimiṣe tu mahāsthāne devī sā liṅgadhāriṇī
puruhūtā puṣkarākṣe āṣāḍhau ca ratistathā

In Naimiṣa there is the great place of the Goddess, Liṅgadhārinī. In Puṣkarākṣa there is the place of Puruhūtā, whose season is in the Month of Āṣāḍha (June-July).

- 21 -

चण्डमुण्डी महास्थाने दण्डिनी परमेश्वरी ।
भारभूतौ भवेद्भूतिर्नाकुले नकुलेश्वरी ॥

caṇḍamuṇḍī mahāsthāne daṇḍinī parameśvarī
bhārabhūtau bhavedbhūtirnākule nakuleśvarī

Caṇḍamuṇḍī is the great place of Daṇḍinī Parameśvarī. Bhūti dwells in Bhārabhūti, while in Nākula is Nakuleśvarī.

- 22 -

चन्द्रिका तु हरिश्चन्द्रे श्रीगिरौ शङ्करी स्मृता ।
जप्येश्वरे त्रिशूला स्यात् सूक्ष्मा चाम्रातकेश्वरे ॥

candrikā tu hariścandre śrīgirau śaṅkarī smṛtā
japyeśvare triśūlā syāt sūkṣmā cāmrātakeśvare

Candrikā dwells in Hariścandra, while in Śrīgiri, Śaṅkarī is remembered. In Japyeśvara is Trisūlā, and Sūkṣmā is in Amrātakeśvara.

- 23 -

शाङ्करी तु महाकाले शर्वाणी मध्यमाभिधे ।
केदाराख्ये महाक्षेत्रे देवी सा मार्गदायिनी ॥

śāṅkarī tu mahākāle śarvāṇī madhyamābhidhe
kedārākhye mahākṣetre devī sā mārgadāyinī

Śāṅkarī is in Mahākāla, Śarvāṇī is in the place Madhyamā. In the great place of Kedāra, the Goddess is Mārgadāyinī.

- 24 -

भैरवाख्ये भैरवी सा गयायां मङ्गला स्मृता ।
स्थाणुप्रिया कुरुक्षेत्रे स्वायम्भुव्यपि नाकुले ॥

bhairavākhye bhairavī sā gayāyāṃ maṅgalā smṛtā
sthāṇupriyā kurukṣetre svāyambhuvyapi nākule

In Bhairava is Bhairavī; in Gayā, Maṅgalā is remembered. Sthāṇupriyā is in Kurukṣetra, while Svāyambhuvī is in Nākula.

- 25 -

कनखले भवेदुग्रा विश्वेशा विमलेश्वरे ।
अट्टहासे महानन्दा महेन्द्रे तु महान्तका ॥

kanakhale bhavedugrā viśveśā vimaleśvare
aṭṭahāse mahānandā mahendre tu mahāntakā

In Kanakhala is Ugrā, and in Vimaleśvara is Viśvesā. In Attahāsa is Mahānandā, and in Mahendra is Mahāntakā.

- 26 -

भीमे भीमेश्वरी प्रोक्ता स्थाने वस्त्रापथे पुनः ।
भवानी शाङ्करी प्रोक्ता रुद्राणी त्वर्धकोटिके ॥

bhīme bhīmeśvarī proktā sthāne vastrāpathe punaḥ
bhavānī śāṅkarī proktā rudrāṇī tvardhakoṭike

In Bhīma She is called Bhīmeśvari. Again in Vastrāpatha She is called Bhavānī Śaṅkarī, and Rudrāṇī in Ardhakoṭika.

- 27 -

अविमुक्ते विशालाक्षी महाभागा महालये ।
गोकर्णे भद्रकर्णी स्याद्भद्रा स्याद्भद्रकर्णके ॥

avimukte viśālākṣī mahābhāgā mahālaye
gokarṇe bhadrakarṇī syādbhadrā syādbhadrakarṇake

In Avimukta is Viśālākṣī and Mahābhāgā is in Mahālaya.

In Gokarṇa is Bhadrakarṇī, and Bhadrā is in Bhadrakarṇaka.

\- 28 -

उत्पलाक्षी सुवर्णाक्षे स्थाण्वीशा स्थाणुसंज्ञके ।

कमलालये तु कमला प्रचण्डा छगलण्डके ॥

utpalākṣī suvarṇākṣe sthāṇvīśā sthāṇusaṃjñake
kamalālaye tu kamalā pracaṇḍā chagalaṇḍake

Utpalākṣī is in Suvarṇākṣa; Sthāṇvīśā is known in Sthāṇu. In Kamalāya is Kamalā; Pracaṇḍā is in Chagalaṇḍaka.

\- 29 -

कुरण्डले त्रिसन्ध्या स्यान्माकोटे मुकुटेश्वरी ।

मण्डलेशे शाण्डकी स्यात् काली कालञ्जरे पुनः ॥

kuraṇḍale trisandhyā syānmākoṭe mukuṭeśvarī
maṇḍaleśe śāṇḍakī syāt kālī kālañjare punaḥ

In Kuruṇḍala is Trisandhyā; in Mākoṭa is Mukuṭeśvarī. In Maṇḍaleśa is Śāṇḍakī, again Kālī is in Kālañjara.

\- 30 -

शङ्कुकर्णे ध्वनिः प्रोक्ता स्थूला स्यात् स्थूलकेश्वरे ।

ज्ञानिनां हृदयाम्भोजे हृल्लेखा परमेश्वरी ॥

śaṅkukarṇe dhvaniḥ proktā sthūlā syāt sthūlakeśvare
jñāninām hṛdayāmbhoje hṛllekhā parameśvarī

In Śaṅkukarṇa She is called Dhvani; in Sthūlakeśvara is Sthūlā. In the lotus of the hearts of the wise ones, She is the Supreme Lord of All in the form of Hṛllekhā (Hrīṃ).

\- 31 -

प्रोक्तानीमानि स्थानानि देव्याः प्रियतमानि च ।

तत्तत्क्षेत्रस्य माहात्म्यं श्रुत्वा पूर्वं नगोत्तम ॥

proktānīmāni sthānāni devyāḥ priyatamāni ca
tattatkṣetrasya māhātmyaṃ śrutvā pūrvaṃ nagottama

These places which have been elucidated are all beloved by the Goddess. Listen to the greatness of each of the places first, oh Excellent Mountain.

- 32 -

तदुक्तेन विधानेन पश्चाद्देवीं प्रपूजयेत् ।
अथवा सर्वक्षेत्राणि काश्यां सन्ति नगोत्तम ॥

taduktena vidhānena paścāddevīṃ prapūjayet
athavā sarvakṣetrāṇi kāśyāṃ santi nagottama

After having performed that, the Goddess is to be worshipped. Or instead, all the holy places of pilgrimages exist in Kāśī, oh Excellent Mountain.

- 33 -

तत्र चैव वसेन्नित्यं देवीभक्तिपरायणः ।
तानि स्थानानि सम्पश्यन् जपन् देवीं निरन्तरम् ॥

tatra caiva vasennityaṃ devībhaktiparāyaṇaḥ
tāni sthānāni sampaśyan japan devīṃ nirantaram

There devotion to the Goddess eternally resides. Devotees should see these places and continually make japa of the mantras of the Goddess,

- 34 -

ध्यायंस्तच्चरणाम्भोजं मुक्तो भवति बन्धनात् ।
इमानि देवीनामानि प्रातरुत्थाय यः पठेत् ॥

dhyāyaṃstaccaraṇāmbhojaṃ mukto bhavati bandhanāt
imāni devīnāmāni prātarutthāya yaḥ paṭhet

and meditate on Her lotus-feet. They will certainly be freed from all bonds. Whoever recites the names of the Goddess and of these places upon rising in the early morning,

- 35 -

भस्मीभवन्ति पापानि तत्क्षणान्नग सत्वरम् ।

श्राद्धकाले पठेदेतान्यमलानि द्विजाग्रतः ॥

bhasmībhavanti pāpāni tatkṣaṇānnaga satvaram
śrāddhakāle paṭhedetānyamalāni dvijāgrataḥ

their all sins will be instantly turned into ashes, oh Mountain. In the time of Srāddha (ceremonies in memory of departed ones), if one reads these holy names according to the rules before the twice-born (Brahmins),

- 36 -

मुक्तास्तत्पितरः सर्वे प्रयान्ति परमां गतिम् ।

अधुना कथयिष्यामि व्रतानि तव सुव्रत ॥

muktāstatpitaraḥ sarve prayānti paramāṃ gatim
adhunā kathayiṣyāmi vratāni tava suvrata

all his ancestors will attain liberation, and they will find the supreme refuge. Now, I will explain the vows of worship, oh One of Excellent Vows.

- 37 -

नारीभिश्च नरैश्चैव कर्तव्यानि प्रयत्नतः ।

व्रतमनन्ततृतीयाख्यं रसकल्याणिनीव्रतम् ॥

nārībhiśca naraiścaiva kartavyāni prayatnataḥ
vratamanantatṛtīyākhyaṃ rasakalyāṇinīvratam

Females and males must all make effort in the performance of these duties. The Vow of Ananta Tṛtīyā, the Rasakalyāṇī Vow,

- 38 -

आर्द्रानन्दकरं नाम्ना तृतीयाया व्रतं च यत् ।
शुक्रवारव्रतं चैव तथा कृष्णचतुर्दशी ॥

ārdrānandakaraṃ nāmnā tṛtīyāyā vrataṃ ca yat
śukravāravrataṃ caiva tathā kṛṣṇacaturdaśī

and the Ārdrānandakara Vow; these three are to be observed in the Tṛtīyā (third) tithi (lunar day). The Friday Vow, then the Kṛṣṇa Caturdaśī Vow (the fourteenth day of the dark fortnight).

- 39 -

भौमवारव्रतं चैव प्रदोषव्रतमेव च ।
यत्र देवो महादेवो देवीं संस्थाप्य विष्टरे ॥

bhaumavāravrataṃ caiva pradoṣavratameva ca
yatra devo mahādevo devīṃ saṃsthāpya viṣṭare

The Tuesday Vow, and the Pradoṣa (Evening Twilight) Vow. Here the Gods and Mahādeva (Śiva) established the Goddess on a seat.

- 40 -

नृत्यं करोति पुरतः सार्धं देवैर्निशामुखे ।
तत्रोपोष्य रजन्यादौ प्रदोषे पूजयेच्छिवाम् ॥

nṛtyaṃ karoti purataḥ sārdhaṃ devairniśāmukhe
tatropoṣya rajanyādau pradoṣe pūjayecchivām

He dances along with the other Gods in front of Her in the beginning of the night. Then the fire is burned to escape from passion, which is the worship in the evening.

- 41 -

प्रतिपक्षं विशेषेण तद्देवीप्रीतिकारकम् ।
सोमवारव्रतं चैव ममाऽतिप्रियकृन्नग ॥

pratipakṣaṃ viśeṣeṇa taddevīprītikārakam
somavāravrataṃ caiva mamā-tipriyakṛnnaga

In every fortnight especially, that is the cause of pleasure to the Goddess. The Monday Vow is extremely pleasing to Me, oh Mountain.

- 42 -

तत्रापि देवीं सम्पूज्य रात्रौ भोजनमाचरेत् ।
नवरात्रद्वयं चैव व्रतं प्रीतिकरं मम ॥

tatrāpi devīṃ sampūjya rātrau bhojanamācaret
navarātradvayaṃ caiva vrataṃ prītikaraṃ mama

After the worship of the Goddess has been completed, in the night food offerings should be taken. The two vows of Nine nights (in the Spring and in the Autumn) make Me extremely pleased.

- 43 -

एवमन्यान्यपि विभो नित्यनैमित्तिकानि च ।
व्रतानि कुरुते यो वै मत्प्रीत्यर्थं विमत्सरः ॥

evamanyānyapi vibho nityanaimittikāni ca
vratāni kurute yo vai matprītyarthaṃ vimatsaraḥ

There are many, many vows which are excellent, both for daily and special occasions of worship. Who performs these vows for the purpose of My satisfaction, without any disrespect,

- 44 -

प्राप्नोति मम सायुज्यं स मे भक्तः स मे प्रियः ।
उत्सवानपि कुर्वीत दोलोत्सवमुखान् विभो ॥

prāpnoti mama sāyujyaṃ sa me bhaktaḥ sa me priyaḥ
utsavānapi kurvīta dolotsavamukhān vibho

will attain the perfection of union with Me. He is My devotee, he is My beloved. Among other festivals that should be performed is the excellent Dola Festival.

- 45 -

शयनोत्सवं यथा कुर्यात् तथा जागरणोत्सवम् ।
रथोत्सवं च मे कुर्याद्दमनोत्सवमेव च ॥

śayanotsavaṃ yathā kuryāt tathā jāgaraṇotsavam
rathotsavaṃ ca me kuryāddamanotsavameva ca

The Śayana Festival should be performed as well as the Jāgaraṇa Festival. The Ratha Festival should be performed as well as the Damana Festival also.

- 46 -

पवित्रोत्सवमेवापि श्रावणे प्रीतिकारकम् ।
मम भक्तः सदा कुर्यादेवमन्यान् महोत्सवान् ॥

pavitrotsavamevāpi śrāvaṇe prītikārakam
mama bhaktaḥ sadā kuryādevamanyān mahotsavān

The pure Festival in the month of Śrāvaṇa (July) is the cause of My pleasure. My devotees always should perform various other great festivals.

- 47 -

मद्भक्तान् भोजयेत् प्रीत्या तथा चैव सुवासिनीः ।
कुमारीर्वटुकांश्चापि मद्बुद्ध्या तद्गतान्तरः ॥

madbhaktān bhojayet prītyā tathā caiva suvāsinīḥ
kumārīrvaṭukāṃścāpi madbuddhyā tadgatāntaraḥ

My devotees should be fed with pleasure, and offered excellent hospitality, as well as My Kumārīs (virgin girls between the age of two and nine), young boys and the aged following custom.

- 48 -

वित्तशाठ्येन रहितो यजेदेतान् सुमादिभिः ।
य एवं कुरुते भक्त्या प्रतिवर्षमतन्द्रितः ॥

vittaśāṭhyena rahito yajedetān sumādibhiḥ
ya evaṃ kurute bhaktyā prativarṣamatandritaḥ

One should show no miserliness in these expenditures, and make worship with great delight. Whoever performs this with devotion, and observes these festivals every year,

- 49 -

स धन्यः कृतकृत्योऽसौ मत्प्रीतेः पात्रमञ्जसा ।
सर्वमुक्तं समासेन मम प्रीतिप्रदायकम् ।
नाऽशिष्याय प्रदातव्यं नाऽभक्ताय कदाचन ॥

sa dhanyaḥ kṛtakṛtyo-sau matprīteḥ pātramañjasā
sarvamuktam samāsena mama prītipradāyakam
nā-śiṣyāya pradātavyaṃ nā-bhaktāya kadācana

He is blessed, and the effect of his actions shall be attained. He is loved by Me, and he will be raised (as an example of veneration). The practices by which total liberation is attained, have been bestowed by Me from My love. Do not give this to a non-disciple, to a non-devotee, ever.

Chapter 11

हिमालय उवाच

himālaya uvāca
Himālaya said:

- 1 -

देवदेवि महेशानि करुणासागरेऽम्बिके ।
ब्रूहि पूजाविधिं सम्यग्यथावदधुना निजम् ॥

devadevi maheśāni karuṇāsāgare-mbike
brūhi pūjāvidhiṃ samyagyathāvadadhunā nijam
Oh Goddess of the Gods, Great Lord of All, Ocean of Compassion, Divine Mother, explain the system of proper worship, so I can praise (You) myself.

श्रीदेव्युवाच

śrīdevyuvāca
The Goddess said:

- 2 -

वक्ष्ये पूजाविधिं राजन्नम्बिकाया यथाप्रियम् ।
अत्यन्तश्रद्धया सार्धं शृणु पर्वतपुङ्गव ॥

vakṣye pūjāvidhiṃ rājannambikāyā yathāpriyam
atyantaśraddhayā sārdhaṃ śṛṇu parvatapuṅgava
The system of worship is being elucidated, oh King, by which the Divine Mother is pleased. With great faith listen, oh Hero of the Mountains.

- 3 -

द्विविधा मम पूजा स्याद्बाह्या चाऽऽभ्यन्तराऽपि च ।
बाह्याऽपि द्विविधा प्रोक्ता वैदिकी तान्त्रिकी तथा ॥

dvividhā mama pūjā syādbāhyā cā--bhyantarā-pi ca
bāhyā-pi dvividhā proktā vaidikī tāntrikī tathā

My worship is of two kinds: external and internal. The external worship is also of two kinds known as Vedic and Tantric.

- 4 -

वैदिक्यर्चाऽपि द्विविधा मूर्तिभेदेन भूधर ।
वैदिकी वैदिकैः कार्या वेददीक्षासमन्वितैः ॥

vaidikyarcā-pi dvividhā mūrtibhedena bhūdhara
vaidikī vaidikaiḥ kāryā vedadīkṣāsamanvitaiḥ

The Vedic worship is also of two kinds, because of different images of worship. Those who follow the Vedic path have received instruction in a Vedic lineage, as well as initiation in a Vedic mantra.

- 5 -

तन्त्रोक्तदीक्षावद्भिस्तु तान्त्रिकी संश्रिता भवेत् ।
इत्थं पूजारहस्यं च न ज्ञात्वा विपरीतकम् ॥

tantroktadīkṣāvadbhistu tāntrikī saṃśritā bhavet
itthaṃ pūjārahasyaṃ ca na jñātvā viparītakam

Those initiated in Tantric practices become followers of Tantra. This is the secret of worship, and (all) should know it is not other.

- 6 -

करोति यो नरो मूढः स पतत्येव सर्वथा ।
तत्र या वैदिकी प्रोक्ता प्रथमां तां वदाम्यहम् ॥

karoti yo naro mūḍhaḥ sa patatyeva sarvathā
tatra yā vaidikī proktā prathamāṃ tāṃ vadāmyaham

Those foolish beings who do (discriminate against Vedic or Tantric worship) fall from the path totally. Then first I shall describe the path known as Vedic.

- 7 -

यन्मे साक्षात् परं रूपं दृष्टवानसि भूधर ।
अनन्तशीर्षनयनमनन्तचरणं महत् ॥

yanme sākṣāt paraṃ rūpaṃ dṛṣṭavānasi bhūdhara
anantaśīrṣanayanamanantacaraṇaṃ mahat

My actual Supreme form that you perceived with innumerable heads, eyes, innumerable feet,

- 8 -

सर्वशक्तिसमायुक्तं प्रेरकं यत् परात्परम् ।
तदेव पूजयेन्नित्यं न मे ध्यायेत् स्मरेदपि ॥

sarvaśaktisamāyuktaṃ prerakaṃ yat parātparam
tadeva pūjayennityaṃ na me dhyāyet smaredapi

containing all energy, which sets in motion all movement, higher than the highest; eternally worship that only, meditate on Me and remember Me.

- 9 -

इत्येतत् प्रथमार्चायाः स्वरूपं कथितं नग ।
शान्तः समाहितमना दम्भाहङ्कारवर्जितः ॥

ityetat prathamārcāyāḥ svarūpaṃ kathitaṃ naga
śāntaḥ samāhitamanā dambhāhaṅkāravarjitaḥ

This is the essence of the first form of offering that I am explaining to you, oh Mountain. Full of peace and equanimity, controlling expressions of ego;

- 10 -

तत्परो भव तद्याजी तदेव शरणं व्रज ।
तदेव चेतसा पश्य जप ध्यायस्व सर्वदा ॥

tatparo bhava tadyājī tadeva śaraṇaṃ vraja
tadeva cetasā paśya japa dhyāyasva sarvadā

sacrifice to that Highest Existence, and take refuge only in That. Perceive the Consciousness only of That, and perform recitation and meditation all the time.

- 11 -

अनन्यया प्रेमयुक्तभक्त्या मद्भावमाश्रितः ।
यज्ञैर्यज तपोदानैर्मामेव परितोषय ॥

ananyayā premayuktabhaktyā madbhāvamāśritaḥ
yajñairyaja tapodānairmāmeva paritoṣaya

With an attitude of intensity of great Love and devotion, embrace Me and no other. With the offering of sacrifice, purifying austerities and charitable gifts, please Me.

- 12 -

इत्थं ममाऽनुग्रहतो मोक्ष्यसे भवबन्धनात् ।
मत्परा ये मदासक्तचित्ता भक्तवरा मताः ॥

ittham mamānugrahato mokṣyase bhavabandhanāt
matparā ye madāsaktacittā bhaktavarā matāḥ

In this way from My kindness, liberation will be obtained from the bonds of existence. Whoever absorbs his Consciousness fully upon Me, the Highest, is the foremost among devotees.

- 13 -

प्रतिजाने भवादस्मादुद्धराम्यचिरेण तु ।
ध्यानेन कर्मयुक्तेन भक्तिज्ञानेन वा पुनः ॥

pratijāne bhavādasmāduddharāmyacireṇa tu
dhyānena karmayuktena bhaktijñānena vā punaḥ

Again, who performs all actions with meditation, devotion and wisdom united, will be delivered from being reborn in the world.

- 14 -

प्राप्याऽहं सर्वथा राजन् न तु केवलकर्मभिः ।
धर्मात् सञ्जायते भक्तिर्भक्त्या सञ्जायते परम् ॥

prāpyā-haṃ sarvathā rājan na tu kevalakarmabhiḥ
dharmāt sañjāyate bhaktirbhaktyā sañjāyate param

I grant him the total attainment, oh King, but not to him who only works (without meditation, devotion and wisdom united). From the Ideal of Perfection arises devotion, and from devotion arises the Supreme.

- 15 -

श्रुतिस्मृतिभ्यामुदितं यत्स धर्मः प्रकीर्तितः ।
अन्यशास्त्रेण यः प्रोक्तो धर्माभासः स उच्यते ॥

śrutismṛtibhyāmuditaṃ yatsa dharmaḥ prakīrtitaḥ
anyaśāstreṇa yaḥ prokto dharmābhāsaḥ sa ucyate

The knowledge contained in Śruti and Smṛti (the Vedas and Purāṇas) is known as Dharma (exemplifying the Ideal of Perfection). What has been said in other scriptures is known as Dharmābhāsa (explanations about the Dharma).

- 16 -

सर्वज्ञात् सर्वशक्तेश्च मत्तो वेदः समुत्थितः ।
अज्ञानस्य ममाऽभावादप्रमाणा न च श्रुतिः ॥

sarvajñāt sarvaśakteśca matto vedaḥ samutthitaḥ
ajñānasya mamā-bhāvādapramāṇā na ca śrutiḥ

From My omniscient and omnipotent powers, the Vedas have arisen. Because of My being devoid of Ignorance, Śruti (the Vedas) will never prove false.

- 17 -

स्मृतयश्च श्रुतेरर्थं गृहीत्वैव च निर्गताः ।
मन्वादीनां श्रुतीनां च ततः प्रामाण्यमिष्यते ॥

smṛtayaśca śruterarthaṃ gṛhītvaiva ca nirgatāḥ
manvādīnāṃ śrutīnāṃ ca tataḥ prāmāṇyamiṣyate
The Smṛtis have accepted the meanings of the Vedas, and
they have come from the Vedas. They contain My
speeches (or knowledge) as in the Vedas, and therefore,
their validity is proved.

- 18 -

क्वचित् कदाचित् तन्त्रार्थकटाक्षेण परोदितम् ।
धर्मं वदन्ति सोंऽशस्तु नैव ग्राह्योऽस्ति वैदिकैः ॥

kvacit kadācit tantrārthakaṭākṣeṇa paroditam
dharmaṃ vadanti soṃ-śastu naiva grāhyo-sti vaidikaiḥ
Some meanings of the Tantras are divided as being
unintelligible. Where they speak in derogation of Dharma,
the followers of the Vedas do not accept.

- 19 -

अन्येषां शास्त्रकर्तॄणामज्ञानप्रभवत्वतः ।
अज्ञानदोषदुष्टत्वात् तदुक्तेर्न प्रमाणता ॥

anyeṣāṃ śāstrakartṝṇāmajñānaprabhavatvataḥ
ajñānadoṣaduṣṭatvāt tadukterna pramāṇatā
Other commentators on the Scriptures displayed ignorance.
Because of containing the fault of malevolent ignorance,
they are regarded as without proof (or authority).

- 20 -

तस्मान्मुमुक्षुर्धर्मार्थं सर्वथा वेदमाश्रयेत् ।
राजाज्ञा च यथा लोके हन्यते न कदाचन ॥

tasmānmumukṣurdharmārthaṃ sarvathā vedamāśrayet
rājājñā ca yathā loke hanyate na kadācana
Therefore, those who desire liberation, must take refuge
totally in the meanings of Dharma. Just as the King's order
is never disregarded among his subjects,

- 21 -

सर्वेशान्या ममाज्ञा सा श्रुतिस्त्याज्या कथं नृभिः ।
मदाज्ञारक्षणार्थं तु ब्रह्मक्षत्रियजातयः ॥

sarveśānyā mamājñā sā śrutistyājyā kathaṃ nṛbhiḥ
madājñārakṣaṇārthaṃ tu brahmakṣatriyajātayaḥ

to all subjects of the Supreme Lord, My order is that the words of the Vedas will never be abandoned by men. To protect My order, the Brahmins and the Kṣatriya castes (responsible for the spiritual and intellectual development and defence of society respectively) have been produced.

- 22 -

मया सृष्टास्ततो ज्ञेयं रहस्यं मे श्रुतेर्वचः ।
यदा यदा हि धर्मस्य ग्लानिर्भवति भूधर ॥

mayā sṛṣṭāstato jñeyaṃ rahasyaṃ me śrutervacaḥ
yadā yadā hi dharmasya glānirbhavati bhūdhara

The secrets of My creation and of My Wisdom are contained in the words of the Vedas. Whenever Dharma (the Ideal) becomes decreased and therein abides,

- 23 -

अभ्युत्थानमधर्मस्य तदा वेषान् बिभर्म्यहम् ।
देवदैत्यविभागश्चाऽप्यत एवाऽभवन्नृप ॥

abhyutthānamadharmasya tadā veṣān bibharmyaham
devadaityavibhāgaścā-pyata evā-bhavannṛpa

I rise in rebellion against Adharma (the antithesis of the Ideal), and assume a visible appearance. Thus the Gods and the demons are divided (beings of Light, forces of unity as opposed to the beings of darkness, forces of division), striving for acquisition of the world, oh King.

- 24 -

ये न कुर्वन्ति तद्धर्मं तच्छिक्षार्थं मया सदा ।
सम्पादितास्तु नरकास्त्रासो यच्छ्रवणाद्भवेत् ॥

ye na kurvanti taddharmaṃ tacchikṣārthaṃ mayā sadā
sampāditāstu narakāstrāso yacchravaṇādbhavet

Whoever does not act according to Dharma, the purpose (necessity) of teaching them is always with Me. For the attainment of this, listening to the fears of hell (acts as a deterrent).

- 25 -

यो वेदधर्ममुज्झित्य धर्ममन्यं समाश्रयेत् ।
राजा प्रवासयेद्देशान्निजादेतानधर्मिणः ॥

yo vedadharmamujjhitya dharmamanyaṃ samāśrayet
rājā pravāsayeddeśānnijādetānadharmiṇaḥ

Who has abandoned the Ideal of the Vedas (Perfection of Unity), and taken refuge in another Ideal, the King should forcibly remove and banish from his kingdom (to dwell with) the unrighteous.

- 26 -

ब्राह्मणैर्न च सम्भाष्याः पङ्क्तिग्राह्या न च द्विजैः ।
अन्यानि यानि शास्त्राणि लोकेऽस्मिन् विविधानि च ॥

brāhmaṇairna ca sambhāṣyāḥ paṅktigrāhyā na ca dvijaiḥ
anyāni yāni śāstrāṇi loke-smin vividhāni ca

The Brahmins should not converse with them, nor should the assembly accept them, nor the twice-born. Other and various Scriptures that are with the people, and which (profess) to give learning,

- 27 -

श्रुतिस्मृतिविरुद्धानि तामसान्येव सर्वशः ।

वामं कापालकं चैव कौलकं भैरवागमः ॥

śrutismṛtiviruddhāni tāmasānyeva sarvaśaḥ
vāmaṃ kāpālakaṃ caiva kaulakaṃ bhairavāgamaḥ

where they are contrary to the Śrutis and Smṛtis, only give Darkness totally. Vāma, Kāpālaka, Kaulaka, Bhairavāgama,

- 28 -

शिवेन मोहनार्थाय प्रणीतो नान्यहेतुकः ।

दक्षशापाद् भृगोः शापाद्दधीचस्य च शापतः ॥

śivena mohanārthāya praṇīto nānyahetukaḥ
dakṣaśāpād bhṛgoḥ śāpāddadhīcasya ca śāpataḥ

(were given) by Śiva to direct (others) towards a small distraction, there is no other motive. (Translator's Note. Life in the world is a small distraction in comparison with the perfection of unity which is the Vedic Ideal. Much of these Scriptures deal with life in the world, Karma Kāṇḍa in Vedic terms, and those portions must represent at least a small distraction from the Vedic Ideal of the Perfection of Unity. Again, there has frequently been considerable discrepancy between the subtle meanings of certain verses and their application in practice. This verse may be in response to the hypocrisy of such practices. However, in my capacity as a Priest, I personally use Vāmācāra, Āgamas, and Kaulaka Śāstras in every Pūjā performed, especially Saṃskāras like Memorial Services, Initiations, Marriages, Births, etc.) The curse of Dakṣa, the curse of Bhṛgu and the curse of Dadhīchi

- 29 -

दग्धा ये ब्राह्मणवरा वेदमार्गबहिष्कृताः ।
तेषामुद्धरणार्थाय सोपानक्रमतः सदा ॥

dagdhā ye brāhmaṇavarā vedamārgabahiṣkṛtāḥ
teṣāmuddharaṇārthāya sopānakramataḥ sadā

burned the Brāhmins who made a path outside of the Vedas. For the purpose of their step by step upliftment, always (to know the path),

- 30 -

शैवाश्च वैष्णवाश्चैव सौराः शाक्तास्तथैव च ।
गाणपत्या आगमाश्च प्रणीताः शङ्करेण तु ॥

śaivāśca vaiṣṇavāścaiva saurāḥ śāktāstathaiva ca
gāṇapatyā āgamāśca praṇītāḥ śaṅkareṇa tu

Śaiva, Vaiṣṇava, Saura, Śākta and Gāṇapatya scriptures (for the five sects) have been given by Śaṅkara.

- 31 -

तत्र वेदाविरुद्धोंऽशोऽप्युक्त एव क्वचित् क्वचित् ।
वैदिकैस्तद्ग्रहे दोषो न भवत्येव कर्हिचित् ॥

tatra vedāviruddhoṃ-śo-pyukta eva kvacit kvacit
vaidikaistadgrahe doṣo na bhavatyeva karhicit

There are some things in agreement with the Vedas, and some things that are contrary. If the followers of Vedas practice those things that are in agreement, then no fault will arise.

- 32 -

सर्वथा वेदभिन्नार्थे नाधिकारी द्विजो भवेत् ।
वेदाधिकारहीनस्तु भवेत् तत्राधिकारवान् ॥

sarvathā vedabhinnārthe nādhikārī dvijo bhavet
vedādhikārahīnastu bhavet tatrādhikāravān

The practice of those passages which have a meaning totally contrary to the Vedas, is not authorized for the twice-born. Those who are devoid of authority to practice the Vedas, may be authorized (to practice those contrary passages).

- 33 -

तस्मात् सर्वप्रयत्नेन वैदिको वेदमाश्रयेत् ।
धर्मेण सहितं ज्ञानं परं ब्रह्म प्रकाशयेत् ॥

tasmāt sarvaprayatnena vaidiko vedamāśrayet
dharmeṇa sahitaṃ jñānaṃ paraṃ brahma prakāśayet

Therefore, the followers of Vedas should make all effort to take refuge in the Vedas. By means of the ideal, unite with Wisdom, and Supreme Divinity will manifest illumination.

- 34 -

सर्वैषणाः परित्यज्य मामेव शरणं गताः ।
सर्वभूतदयावन्तो मानाऽहङ्कारवर्जिताः ॥

sarvaiṣaṇāḥ parityajya māmeva śaraṇaṃ gatāḥ
sarvabhūtadayāvanto mānā-haṅkāravarjitāḥ

Abandon all seeking to fulfill desires and take refuge in Me. Offering compassion to all existence, banish egotism from the mind.

- 35 -

मच्चित्ता मद्गतप्राणा मत्स्थानकथने रताः ।
संन्यासिनो वनस्थाश्च गृहस्था ब्रह्मचारिणः ॥

maccittā madgataprāṇā matsthānakathane ratāḥ
saṃnyāsino vanasthāśca gṛhasthā brahmacāriṇaḥ

With Consciousness engaged in Me, with the substance of life in Me, delightedly speaking of My places; the Saṃnyāsins, Vanaprasthas, Gṛhasthas and Brahmacārins

- 36 -

उपासन्ते सदा भक्त्या योगमैश्वरसंज्ञितम् ।
तेषां नित्या वियुक्तानामहमज्ञानजं तमः ॥

upāsante sadā bhaktyā yogamaiśvarasaṃjñitam
teṣāṃ nityā viyuktānāmahamajñānajaṃ tamaḥ

always worship the Imperishable One with devotion in the Wisdom of Union. They are eternally united with My name, and the darkness of ignorance cannot arise.

- 37 -

ज्ञानसूर्यप्रकाशेन नाशयामि न संशयः ।
इत्थं वैदिकपूजायाः प्रथमाया नगाधिप ॥

jñānasūryaprakāśena nāśayāmi na saṃśayaḥ
ittham vaidikapūjāyāḥ prathamāyā nagādhipa

With the illumination of the Sun of Wisdom, I destroy darkness without a doubt. This is the exposition of Vedic Worship, the first to be explained, oh King of Mountains.

- 38 -

स्वरूपमुक्तं सङ्क्षेपाद् द्वितीयाया अथो ब्रुवे ।
मूर्तौ वा स्थण्डिले वाऽपि तथा सूर्येन्दुमण्डले ॥

svarūpamuktaṃ saṅkṣepād dvitīyāyā atho bruve
mūrtau vā sthaṇḍile vā-pi tathā sūryendumaṇḍale

Now I will speak some words in brief exposition of the intrinsic nature of the second (form of worship) to be explained. On an image for worship, or a special altar of worship, or in the orb of the Sun or the Moon (either drawn or in the sky),

- 39 -

जलेऽथ वा बाणलिङ्गे यन्त्रे वाऽपि महापटे ।
तथास्त्रीहृदयाम्भोजे ध्यात्वा देवीं परात्पराम् ॥

jale-tha vā bāṇaliṅge yantre vā-pi mahāpaṭe
tathāstrīhṛdayāmbhoje dhyātvā devīṃ parātparām

on water, or on a bāṇaliṅga (a white symbol of Śiva), on a Yantra or on a cloth, or in the lotus of a woman's heart; meditate upon the Goddess Higher than the highest.

- 40 -

सगुणां करुणापूर्णां तरुणीमरुणारुणाम् ।
सौन्दर्यसारसीमान्तां सर्वावयवसुन्दरीम् ॥

saguṇāṃ karuṇāpūrṇāṃ taruṇīmaruṇāruṇām
saundaryasārasīmāntāṃ sarvāvayavasundarīm

With qualities, full of compassion and youth, Love of all loves. (As She came from) the churning of the lake of beauty, Her every limb is most beautiful.

- 41 -

शृङ्गाररससम्पूर्णां सदा भक्तार्तिकातराम् ।
प्रसादसुमुखीमम्बां चन्द्रखण्डशिखण्डिनीम् ॥

śṛṅgārarasasampūrṇāṃ sadā bhaktārtikātarām
prasādasumukhīmambāṃ candrakhaṇḍaśikhaṇḍinīm

She is full of the sentiment of Love, and always (removes) the anxiety of Her devotees. This is the prasāda of the beautiful face of the Divine Mother, who has a segment of the Moon adorning Her crown.

- 42 -

पाशाङ्कुशवराभीतिधरामानन्दरूपिणीम् ।
पूजयेदुपचारैश्च यथावित्तानुसारतः ॥

pāśāṅkuśavarābhītidharāmānandarūpiṇīm
pūjayedupacāraiśca yathāvittānusārataḥ

Her hands hold the noose, the curved sword, the mudrā granting blessings, and the mudrā granting freedom from fear, She is the form of bliss. Worship Her with all articles until you have emptied your reservoir.

- 43 -

यावदान्तरपूजायामधिकारो भवेन्नहि ।
तावद्बाह्यामिमां पूजां श्रयेज्ज्ञाते तु तां त्यजेत् ॥

yāvadāntarapūjāyāmadhikāro bhavennahi
tāvadbāhyāmimāṃ pūjāṃ śrayejjāte tu tāṃ tyajet

Until the authority of the inner worship has not been attained, take refuge in My external worship; it should not be abandoned.

- 44 -

आभ्यन्तरा तु या पूजा सा तु संविल्लयः स्मृतः ।
संविदेव परं रूपमुपाधिरहितं मम ॥

ābhyantarā tu yā pūjā sā tu saṃvillayaḥ smṛtaḥ
saṃvideva paraṃ rūpamupādhirahitaṃ mama

Remember that worship is internal when the worshipper along with all is dissolved. Only the universal knowledge of My Supreme form remains, deserted by all attributes.

- 45 -

अतः संविदि मद्रूपे चेतः स्थाप्यं निराश्रयम् ।
संविद्रूपातिरिक्तं तु मिथ्या मायामयं जगत् ॥

ataḥ saṃvidi madrūpe cetaḥ sthāpyaṃ nirāśrayam
saṃvidrūpātiriktaṃ tu mithyā māyāmayaṃ jagat

Then Consciousness becomes established in My form of universal knowledge without any other refuge. Compared to the form of universal knowledge, the untrue Māyā of the manifested world is extremely worthless.

- 46 -

अतः संसारनाशाय साक्षिणीमात्मरूपिणीम् ।
भावयेन्निर्मनस्केन योगयुक्तेन चेतसा ॥

ataḥ saṃsāranāśāya sākṣiṇīmātmarūpiṇīm
bhāvayennirmanaskena yogayuktena cetasā

Then to destroy the bondage to objects and relationships, with an intensity of intuition unite with Consciousness without other thoughts, the Witness of all, the intrinsic nature of the Soul of all.

- 47 -

अतः परं बाह्यपूजाविस्तारः कथ्यते मया ।
सावधानेन मनसा शृणु पर्वतसत्तम ॥

ataḥ paraṃ bāhyapūjāvistāraḥ kathyate mayā
sāvadhānena manasā śṛṇu parvatasattama

Now this superior external worship will be explained by Me at greater length. Listen with care, oh Excellent Mountain.

Chapter 12

श्रीदेव्युवाच

śrīdevyuvāca
The Goddess said:

- 1 -

प्रातरुत्थाय शिरसि संस्मरेत् पद्ममुज्ज्वलम् ।
कर्पूराभं स्मरेत् तत्र श्रीगुरुं निजरूपिणम् ॥

prātarutthāya śirasi saṃsmaret padmamujjvalam
karpūrābhaṃ smaret tatra śrīguruṃ nijarūpiṇam
Rise in the early morning and remember the shining lotus in the head. Remember it as the color of camphor (radiant white), and there, the Respected Guru is in his own form.

- 2 -

सुप्रसन्नं लसद्भूषाभूषितं शक्तिसंयुतम् ।
नमस्कृत्य ततो देवीं कुण्डलीं संस्मरेद्बुधः ॥

suprasannaṃ lasadbhūṣābhūṣitaṃ śaktisaṃyutam
namaskṛtya tato devīṃ kuṇḍalīṃ saṃsmaredbudhaḥ
He appears very content, with shining ornaments, along with his consort śakti. The knowledgeable one will bow down to them, and then remember the Goddess Kuṇḍalī (Kuṇḍaliṇī).

- 3 -

प्रकाशमानां प्रथमे प्रयाणे प्रतिप्रयाणेऽप्यमृतायमानाम् ।
अन्तःपदव्यामनुसञ्चरन्तीमानन्दरूपामबलां प्रपद्ये ॥

prakāśamānāṃ prathame prayāṇe
pratiprayāṇe-pyamṛtāyamānām
antaḥpadavyāmanusañcarantīm-
ānandarūpāmabalāṃ prapadye

I bow down to that foremost illumination, who continually journeys up and returns, uniting in the nectar of thought. The spaces She moves between are measured, as She searches for the form and strength of bliss.

- 4 -

ध्यात्वैवं तच्छिखामध्ये सच्चिदानन्दरूपिणीम् ।
मां ध्यायेदथ शौचादिक्रियाः सर्वाः समापयेत् ॥

dhyātvaivaṃ tacchikhāmadhye saccidānandarūpiṇīm
māṃ dhyāyedatha śaucādikriyāḥ sarvāḥ samāpayet

After meditating upon Me as the form of Truth, Consciousness, and Bliss at the summit, he should then complete all the activities of personal hygiene.

- 5 -

अग्निहोत्रं ततो हुत्वा मत्प्रीत्यर्थं द्विजोत्तमः ।
होमान्ते स्वासने स्थित्वा पूजासङ्कल्पमाचरेत् ॥

agnihotraṃ tato hutvā matprītyarthaṃ dvijottamaḥ
homānte svāsane sthitvā pūjāsaṅkalpamācaret

Agnihotra (sacred fire ceremony) and offerings should be performed for the purpose of My pleasure by the excellent twice-born. At the end of the fire ceremony, established on his own special seat for worship, he should make the statement of a vow of firm determination to complete worship.

- 6 -

भूतशुद्धिं पुरा कृत्वा मातृकान्यासमेव च ।
हृल्लेखामातृकान्यासं नित्यमेव समाचरेत् ॥

bhūtaśuddhiṃ purā kṛtvā mātṛkānyāsameva ca
hṛllekhāmātṛkānyāsaṃ nityameva samācaret

Always perform bhūtaśuddhi (purification of the elements), and the Mātṛkānyāsa (establishment of the bīja mantras within), and then the Hṛllekhā Mātṛkānyāsa (with the addition of the Māyā bīja, Hrīṃ).

- 7 -

मूलाधारे हकारं च हृदये च रकारकम् ।
भ्रूमध्ये तद्वदीकारं ह्रीङ्कारं मस्तके न्यसेत् ॥

mūlādhāre hakāraṃ ca hṛdaye ca rakārakam
bhrūmadhye tadvadīkāraṃ hrīṅkāraṃ mastake nyaset

In the Mūlādhāra establish the letter Ha; in the heart, the letter Ra; between the two eyebrows say the letter ī; and the entire mantra Hrīṃ on the top of the head.

- 8 -

तत्तन्मन्त्रोदितानन्यान् न्यासान् सर्वान् समाचरेत् ।
कल्पयेत् स्वात्मनो देहे पीठं धर्मादिभिः पुनः ॥

tattanmantroditānanyān nyāsān sarvān samācaret
kalpayet svātmano dehe pīṭhaṃ dharmādibhiḥ punaḥ

Then he should establish the tanmatras within the body, and complete all other nyāsas as well. Again, think of your own soul in the body as the pīṭha (place for worship) of Dharma and various qualities: (dharma, the Ideal of Perfection; jñāna, Wisdom; vairāgya, Detachment; aiśvarya, the Imperishable Qualities; adharma, Disharmony; ajñāna, Ignorance; avairāgya, Attachment; anaiśvarya, the Transient).

- 9 -

ततो ध्यायेन्महादेवीं प्राणायमैर्विजृम्भिते ।
हृदम्भोजे मम स्थाने पञ्चप्रेतासने बुधः ॥

tato dhyāyenmahādevīṃ prāṇāyamairvijṛmbhite
hṛdambhoje mama sthāne pañcapretāsane budhaḥ

Then he should meditate upon the Great Goddess while expanding the Prāṇāyāma. In My place in the lotus of the heart, the knowledgeable one will establish five seats for disembodied spirits.

- 10 -

ब्रह्मा विष्णुश्च रुद्रश्च ईश्वरश्च सदाशिवः ।
एते पञ्चमहाप्रेताः पादमूले मम स्थिताः ॥

brahmā viṣṇuśca rudraśca īśvaraśca sadāśivaḥ
ete pañcamahāpretāḥ pādamūle mama sthitāḥ

Brahmā, Viṣṇu, Rudra, Īśvara and Sadāśiva: these are the five great disembodied spirits, who are situated at the base of My feet.

- 11 -

पञ्चभूतात्मका ह्येते पञ्चावस्थात्मका अपि ।
अहं त्वव्यक्तचिद्रूपा तदतीताऽस्मि सर्वथा ॥

pañcabhūtātmakā hyete pañcāvasthātmakā api
ahaṃ tvavyaktacidrūpā tadatītā-smi sarvathā

They are the Soul of the five great elements (earth, water, fire, air, and ether), as well as the five states of consciousness (Jagrat, waking; Svapna, dreaming; Suṣūpti, deep dreamless sleep; Turīya, pure consciousness; Atītarūpa, beyond form). I am the indivisible form of Consciousness, therefore, I am beyond the Total (of all five).

- 12 -

ततो विष्टरतां याताः शक्तितन्त्रेषु सर्वदा ।
ध्यात्वैवं मानसैर्भोगैः पूजयेन्मां जपेदपि ॥

tato viṣṭaratāṃ yātāḥ śaktitantreṣu sarvadā
dhyātvaivaṃ mānasairbhogaiḥ pūjayenmāṃ japedapi

Then situated upon his seat, he should continually meditate upon the energy in the tantra. With a mind filled with the enjoyment of My worship, he should make japa.

- 13 -

जपं समर्प्य श्रीदेव्यै ततोऽर्घ्यस्थापनं चरेत् ।
पात्रासादनकं कृत्वा गुरून् नत्वा ततः परम् ॥

japaṃ samarpya śrīdevyai tato-rghyasthāpanaṃ caret
pātrāsādanakaṃ kṛtvā gurūn natvā tataḥ param

After he has completed japa, he should then offer the Arghya (an object connoting devotion prepared from a large red flower, durvā grass, rice, sessame, leaf of tulasī, and other auspicious ingredients, placed in a red cloth and tied together like a small bouquet). Set down the container while saying the mantra from your Guru, then bow down to the Supreme Guru.

- 14 -

जलेन तेन मनुना चास्त्रमन्त्रेण देशिकः ।
दिग्बन्धं च पुरा कृत्वा गुरून् नत्वा ततः परम् ॥

jalena tena manunā cāstramantreṇa deśikaḥ
digbandhaṃ ca purā kṛtvā gurūn natvā tataḥ param

Sprinkle it with water while thinking the weapon mantra (Phaṭ). Perform Digbandhaṃ (closing all the directions), then bow down to the Supreme Guru.

- 15 -

तदनुज्ञां समादाय बाह्यपीठे ततः परम् ।
हृदिस्थां भावितां मूर्तिं मम दिव्यां मनोहराम् ॥

tadanujñāṃ samādāya bāhyapīṭhe tataḥ param
hṛdisthāṃ bhāvitāṃ mūrtiṃ mama divyāṃ manoharām

Taking his permission, meditate upon the superior external place of worship. Then, with an attitude of intuition, contemplate My divine beautiful image situated in the heart.

- 16 -

आवाहयेत् ततः पीठे प्राणस्थापनविद्यया ।

आसनावाहने चार्घ्यं पाद्याद्याचमनं तथा ॥

āvāhayet tataḥ pīṭhe prāṇasthāpanavidyayā
āsanāvāhane cārghyaṃ pādyādyācamanaṃ tathā

Make invitation to the place of worship, and establish the life force with knowledge. Invite (the Goddess) to be seated and offer water for washing the feet and hands and mouth, and various other articles,

- 17 -

स्नानं वासोद्वयं चैव भूषणनि च सर्वशः ।

गन्धपुष्पं यथायोग्यं दत्त्वा देव्यै स्वभक्तितः ॥

snānaṃ vāsodvayaṃ caiva bhūṣaṇani ca sarvaśaḥ
gandhapuṣpaṃ yathāyogyaṃ dattvā devyai svabhaktitaḥ

water for a bath, a pair of clothes, various ornaments, scented flowers, and give to the Goddess whatever is suitable with all devotion.

- 18 -

यन्त्रस्थानामावृतीनां पूजनं सम्यगाचरेत् ।

प्रतिवारमशक्तानां शुक्रवारे नियम्यते ॥

yantrasthānāmāvṛtīnāṃ pūjanaṃ samyagācaret
prativāramaśaktānāṃ śukravāre niyamyate

He should worship the deities surrounding the Yantra according to right understanding. If one be unable to perform this every day, then follow this discipline on Fridays.

- 19 -

मूलदेवीप्रभारूपाः स्मर्तव्या अङ्गदेवताः ।

तत्प्रभापटलव्याप्तं त्रैलोक्यं च विचिन्तयेत् ॥

mūladevīprabhārūpāḥ smartavyā aṅgadevatāḥ
tatprabhāpaṭalavyāptaṃ trailokyaṃ ca vicintayet

The primary Goddess is the form of illumination, and then the deities of Her entourage are to be remembered. Think that Her illumination extends throughout the three worlds to the lowest reaches of the nether world (paṭala).

\- 20 -

पुनरावृत्तिसहितां मूलदेवीं च पूजयेत् ।
गन्धादिभिः सुगन्धैस्तु तथा पुष्पैः सुवासितैः ॥

punarāvṛttisahitāṃ mūladevīṃ ca pūjayet
gandhādibhiḥ sugandhaistu tathā puṣpaiḥ suvāsitaiḥ

Again, when the deities of Her entourage are united, worship the principal Goddess with scents, etc., excellent scented flowers and perfumes,

\- 21 -

नैवेद्यैस्तर्पणैश्चैव ताम्बूलैर्दक्षिणादिभिः ।
तोषयेन्मां त्वत्कृतेन नाम्नां साहस्रकेण च ॥

naivedyaistarpaṇaiścaiva tāmbūlairdakṣiṇādibhiḥ
toṣayenmāṃ tvatkṛtena nāmnāṃ sāhasrakeṇa ca

food offerings, and tarpaṇa (a special offering of respect to the departed), betel nuts, and money (or other objects of value); he should please Me by reciting a thousand names,

\- 22 -

कवचेन च सूक्तेनाऽहं रूद्रेभिरिति प्रभो ।
देव्यथर्वशिरोमन्त्रैर्हृल्लेखोपनिषद्भवैः ॥

kavacena ca sūktenā-haṃ rūdrebhiriti prabho
devyatharvaśiromantrairhṛllekhopaniṣadbhavaiḥ

a Kavaca (Armor of mantras, there is one for each major deity), and the Devī Śūkta (Hymn of the Goddess from Ṛg

Veda) which begins Ahaṃ Rūdrebhiḥ and the Devyatharvaśiro mantras, which are known as the Hṛllekhā or Hrīṃ Upaniṣad.

- 23 -

महाविद्यामहामन्त्रैस्तोषयेन्मां मुहुर्मुहुः ।
क्षमापयेज्जगद्धात्रीं प्रेमार्द्रहृदयो नरः ॥

mahāvidyāmahāmantraistoṣayenmāṃ muhurmuhuḥ
kṣamāpayejjagaddhātrīṃ premārdrahṛdayo naraḥ

With the great knowledge of the great mantras, please Me again and again. Humans should ask for forgiveness from the Divine Mother of the world with hearts overflowing with Love.

- 24 -

पुलकाङ्कितसर्वाङ्गैर्बाष्परुद्धाक्षिनिःस्वनः ।
नृत्यगीतादिघोषेण तोषयेन्मां मुहुर्मुहुः ॥

pulakāṅkitasarvāṅgairbāṣparuddhākṣiniḥsvanaḥ
nṛtyagītādighoṣeṇa toṣayenmāṃ muhurmuhuḥ

On every limb the hairs will stand, while tears of love will flow. Dancing and singing loudly, please Me again and again.

- 25 -

वेदपारायणैश्चैव पुराणैः सकलैरपि ।
प्रतिपाद्या यतोऽहं वै यस्मात् तैस्तोषयेच्च माम् ॥

vedapārāyaṇaiścaiva purāṇaiḥ sakalairapi
pratipādyā yato-haṃ vai yasmāt taistoṣayecca mām

The continuous recitation of the Vedas or Purāṇas bring nourishment to all. I am present in every chapter, therefore, that (recitation) pleases Me.

- 26 -

निजं सर्वस्वमपि मे सदेहं नित्यशोऽर्पयेत् ।
नित्यहोमं ततः कुर्याद् ब्राह्मणांश्च सुवासिनीः ॥

nijaṃ sarvasvamapi me sadehaṃ nityaśo-rpayet
nityahomaṃ tataḥ kuryād brāhmaṇāṃśca suvāsinīḥ

Everything that one has, even his own body, should always be offered to Me. The eternal fire ceremony should be performed, and those versed in the Wisdom of our heritage (Brāhmins), offered excellent clothes.

- 27 -

बटुकान् पामराननन्यान् देवीबुद्ध्या तु भोजयेत् ।
नत्वा पुनः स्वहृदये व्युत्क्रमेण विसर्जयेत् ॥

baṭukān pāmarānanyān devībuddhyā tu bhojayet
natvā punaḥ svahṛdaye vyutkrameṇa visarjayet

Young boys, the lepers, and others who are wretched, should be fed by the one knowledgeable of the Goddess. Bow down again from his own heart, and then allow Her to go away by making visarjaṇa (returning the deity into the unmanifest).

- 28 -

सर्वं हृल्लेखया कुर्यात् पूजनं मम सुव्रत ।
हृल्लेखा सर्वमन्त्राणां नायिका परमा स्मृता ॥

sarvaṃ hṛllekhayā kuryāt pūjanaṃ mama suvrata
hṛllekhā sarvamantrāṇāṃ nāyikā paramā smṛtā

All My worship can be performed with the Hrīṃ bīja mantra, oh One of Excellent Vows. Of all the mantras Hrīṃ bīja is remembered as the supreme leader.

- 29 -

हृल्लेखादर्पणे नित्यमहं तत्प्रतिबिम्बिता ।
तस्माद् हृल्लेखया दत्तं सर्वमन्त्रैः समर्पितम् ॥

hṛllekhādarpaṇe nityamahaṃ tatpratibimbitā
tasmād hṛllekhayā dattaṃ sarvamantraiḥ samarpitam

Hrīṃ bīja mantra is an eternal mirror of Me, thus capable of every reflection. Therefore, that which is given with Hrīṃ bīja, is offered with every mantra.

- 30 -

गुरुं सम्पूज्य भूषाद्यैः कृतकृत्यत्वमावहेत् ।
य एवं पूजयेद्देवीं श्रीमद्भुवनसुन्दरीम् ॥

gurum sampūjya bhūṣādyaiḥ kṛtakṛtyatvamāvahet
ya evaṃ pūjayeddevīṃ śrīmadbhuvanasundarīm

The Guru should be worshipped with ornaments, (understanding that through him) you have invited the effects of all good actions. Whoever worships the Goddess in this way, the Respected Beautiful One of Existence,

- 31 -

न तस्य दुर्लभं किञ्चित् कदाचित् क्वचिदस्ति हि ।
देहान्ते तु मणिद्वीपं मम यात्येव सर्वथा ॥

na tasya durlabhaṃ kiñcit kadācit kvacidasti hi
dehānte tu maṇidvīpaṃ mama yātyeva sarvathā

nothing remains difficult to him, and nothing ever will. At the end of his earthly body he comes to My Maṇidvīpa (Island of Jewels), to return to the Total.

- 32 -

ज्ञेयो देवीस्वरूपोऽसौ देवा नित्यं नमन्ति तम् ।
इति ते कथितं राजन् महादेव्याः प्रपूजनम् ॥

jñeyo devīsvarūpo-sau devā nityaṃ namanti tam
iti te kathitaṃ rājan mahādevyāḥ prapūjanam

With the Wisdom of the intrinsic nature of the Goddess, the Gods eternally bow down to him. This is the explanation, oh King, of the worship of the Great Goddess.

\- 33 -

विमृश्यैतदशेषेणाप्यधिकारानुरूपतः ।
कुरु मे पूजनं तेन कृतार्थस्त्वं भविष्यसि ॥

vimṛśyaitadaśeṣeṇāpyadhikārānurūpataḥ
kuru me pūjanaṃ tena kṛtārthastvaṃ bhaviṣyasi

Consider the unlimited possibilities in accordance with your capacity. Make worship to Me in this way, and you will attain your goal.

\- 34 -

इदं तु गीताशास्त्रं मे नाऽशिष्याय वदेत् क्वचित् ।
नाऽभक्ताय प्रदातव्यं न धूर्ताय च दुर्हृदे ॥

idaṃ tu gītāśāstraṃ me nā-śiṣyāya vadet kvacit
nā-bhaktāya pradātavyaṃ na dhūrtāya ca durhṛde

This Gītā Scripture of Mine, do not ever tell to someone who is not a disciple. Nor is it to be imparted to one who is void of devotion, filled with deceit, nor to him who maintains evil in his heart.

\- 35 -

एतत् प्रकाशनं मातुरुद्घाटनमुरोजयोः ।
तस्मादवश्यं यत्नेन गोपनीयमिदं सदा ॥

etat prakāśanaṃ māturudghāṭanamurojayoḥ
tasmādavaśyaṃ yatnena gopanīyamidaṃ sadā

The exposition of this (Gītā) is like raising the cover from the breast of Mother. Therefore, certainly take great care to always (protect) this secret.

- 36 -

देयं भक्ताय शिष्याय ज्येष्ठपुत्राय चैव हि ।
सुशीलाय सुवेषाय देवीभक्तियुताय च ॥

deyaṃ bhaktāya śiṣyāya jyeṣṭhaputrāya caiva hi
suśīlāya suveṣāya devībhaktiyutāya ca

It should be given to a devotee, a disciple, the oldest son, one who is dependable, of good character and filled with devotion to the Goddess.

- 37 -

श्राद्धकाले पठेदेतद् ब्राह्मणानां समीपतः ।
तृप्तास्तत्पितरः सर्वे प्रयान्ति परमं पदम् ॥

śrāddhakāle paṭhedetad brāhmaṇānāṃ samīpataḥ
tṛptāstatpitaraḥ sarve prayānti paramaṃ padam

At the time of Memorial Services for the departed, if it is read before an assembly of Brahmins, all the ancestors will be pleased and will attain the highest place.

व्यास उवाच

vyāsa uvāca

Vyāsa said:

- 38 -

इत्युक्त्वा सा भगवती तत्रैवाऽन्तरधीयत ।
देवाश्च मुदिताः सर्वे देवीदर्शनतोऽभवन् ॥

ityuktvā sā bhagavatī tatraivā-ntaradhīyata
devāśca muditāḥ sarve devīdarśanato-bhavan

This is what was spoken by Bhagavatī (the Supreme Spirit of all Parts) there, and this must be reflected upon within. The Gods were completely delighted to have had the vision of the Goddess.

- 39 -

ततो हिमालये जज्ञे देवी हैमवती तु सा ।
या गौरीति प्रसिद्धाऽऽसीद्दत्ता सा शङ्कराय च ॥

tato himālaye jajñe devī haimavatī tu sā
yā gaurīti prasiddhā--sīddattā sā śaṅkarāya ca

Then from the seed of Himālaya, the Goddess Haimavatī (She Who Comes from Himālaya) manifested. She was known as Gaurī (She Who Is Rays of Light), and She was given in union with Śaṅkara (Śiva).

- 40 -

ततः स्कन्दः समुद्भूतस्तारकस्तेन घातितः ।
समुद्रमन्थने पूर्वं रत्नान्यासुर्नराधिप ॥

tataḥ skandaḥ samudbhūtastārakastena ghātitaḥ
samudramanthane pūrvaṃ ratnānyāsurnarādhipa

Then Skanda (Kartikeya) was born, and by him Tāraka was killed. Long ago, at the time when the ocean was churned by beings of the spiritual world (Gods and demons) as well as the kings of men, many gems and other things came forth.

- 41 -

तत्र देवैः स्तुता देवी लक्ष्मीप्राप्त्यर्थमादरात् ।
तेषामनुग्रहार्थाय निर्गता तु रमा ततः ॥

tatra devaiḥ stutā devī lakṣmīprāptyarthamādarāt
teṣāmanugrahārthāya nirgatā tu ramā tataḥ

Then hymns were chanted by the Gods to the Goddess for the purpose of inviting Lakṣmī. As a kindness to them, Ramā (Lakṣmī) came out from the sea.

- 42 -

वैकुण्ठाय सुरैर्दत्ता तेन तस्य शमोऽभवत् ।
इति ते कथितं राजन् देवीमाहात्म्यमुत्तमम् ॥

vaikuṇṭhāya surairdattā tena tasya śamo-bhavat
iti te kathitaṃ rājan devīmāhātmyamuttamam

The Gods gave Her to the Resident of Vaikuṇṭha (Viṣṇu), and he became at peace. This is the explanation, oh King, of the excellent Greatness of the Goddess,

- 43 -

गौरी-लक्ष्म्योः समुत्पत्तिविषयं सर्वकामदम् ।
न वाच्यं त्वेतदन्यस्मै रहस्यं कथितं यतः ॥

gaurī-lakṣmyoḥ samutpattiviṣayaṃ sarvakāmadam
na vācyaṃ tvetadanyasmai rahasyaṃ kathitaṃ yataḥ

and of the birth of Gaurī and Lakṣmī. Who gives attention to this (explanation) will attain fulfillment of all desires. Do not speak this to others (indiscriminately); the secret of this explanation should be controlled.

- 44 -

गीता रहस्यभूतेयं गोपनीया प्रयत्नतः ।
सर्वमुक्तं समासेन यत्पृष्टं तत् त्वयाऽनघ ॥

gītā rahasyabhūteyaṃ gopanīyā prayatnataḥ
sarvamuktaṃ samāsena yatpṛṣṭaṃ tat tvayā-nagha

This Gītā is the secret of existence, so be careful to maintain its secrecy. By means of it, all liberation (or realization) is attained, and who stands forth prominently in (support of this teaching) becomes free from all fault.

पवित्रं पवनं दिव्यं किं भूयः श्रोतुमिच्छसि ॥

pavitraṃ pavanaṃ divyaṃ kiṃ bhūyaḥ śrotumicchasi
It is pure like a divine wind. Tell what more do you wish to hear?

ॐ

अथ नवार्णविधिः

atha navārṇa vidhiḥ
And now,
The System of Worship
with the Nine Lettered Mantra

श्रीगणपतिर्जयति

śrī gaṇapatir jayati
May the Lord of Wisdom be Victorious.

ॐ अस्य श्रीनवार्णमन्त्रस्य ब्रह्मविष्णुरुद्रा ऋषयः गायत्र्युष्णिगनुष्टुभश्छन्दांसि श्रीमहाकालीमहालक्ष्मीमहासरस्वत्यो देवताः ऐं बीजम् ह्रीं शक्तिः क्लीं कीलकम् श्रीमहाकालीमहालक्ष्मीमहासरस्वती प्रीत्यर्थे नवार्णसिद्ध्यर्थे जपे विनियोगः ।

oṃ asya śrī navārṇa mantrasya brahma viṣṇu rudrā ṛṣayaḥ gāyatryuṣṇig anuṣṭubhaś chandāṃsi śrī mahākālī mahālakṣmī mahāsarasvatyo devatāḥ aiṃ bījam hrīṃ śaktiḥ klīṃ kīlakam śrī mahākālī mahālakṣmī mahā sarasvatī prītyarthe navārṇa siddhyarthe jape viniyogaḥ

Oṃ. Presenting the Highly Efficacious Mantra of Nine Letters, The Lords of Creation, Preservation and Destruction are the Seers; Gāyatrī, Uṣṇik and Anuṣṭup (24, 28, and 32 syllables to the verse) are the Meters; The Great Remover of Darkness, The Great Goddess of True Wealth and The Great Goddess of All-Pervading Knowledge are the Deities; Aiṃ is the Seed; Hrīṃ is the Energy; Klīṃ is the Pin; For the Satisfaction of The Great Remover of Darkness, The Great Goddess of True Wealth and The Great Goddess of All-Pervading Knowledge, this System is applied in recitation.

ऋष्यादिन्यासः

ṛṣyādi nyāsaḥ

Establishment of the Seers, etc.

ॐ ब्रह्मविष्णुरुद्रऋषिभ्यो नमः

oṃ brahma viṣṇu rudra ṛṣibhyo namaḥ head

I bow to the Seers, the Lords Of Creation, Preservation and Destruction

गायत्र्युष्णिगनुष्टुप् छन्दोभ्यो नमः

gāyatryuṣṇig anuṣṭup chandobhyo namaḥ mouth

I bow to the Meters Gāyatrī, Uṣṇik and Anuṣṭup

महाकालीमहालक्ष्मीमहासरस्वतीदेवताभ्यो नमः

mahākālī mahālakṣmī mahāsarasvatī devatābhyo namaḥ heart

I bow to the Deities, the Remover of Darkness, the Great Goddess of True Wealth and the Great Goddess of All-Pervading Knowledge

ऐं बीजाय नमः

aiṃ bījāya namaḥ anus

I bow to the Seed Aiṃ

ह्रीं शक्तये नमः

hrīṃ śaktaye namaḥ feet

I bow to the Energy Hrīṃ

क्लीं कीलकाय नमः

klīṃ kīlakāya namaḥ navel

I bow to the Pin Klīṃ

ॐ ऐं ह्रीं क्लीं चामुण्डायै विच्चे

oṃ aiṃ hrīṃ klīṃ cāmuṇḍāyai vicce
Oṃ Aiṃ Hrīṃ Klīṃ Cāmuṇḍāyai Vicce

करन्यासः

kara nyāsaḥ
Establishment in the Hands

ॐ ऐं अङ्गुष्ठाभ्यां नमः

oṃ aiṃ aṅguṣṭhābhyāṃ namaḥ thumb-forefinger
Oṃ I bow to Aiṃ in the Thumb

ॐ ह्रीं तर्जनीभ्यां स्वाहा

oṃ hrīṃ tarjanībhyāṃ svāhā thumb-forefinger
Oṃ I bow to Hrīṃ in the Forefinger, I Am One With God!

ॐ क्लीं मध्यमाभ्यां वषट्

oṃ klīṃ madhyamābhyāṃ vaṣaṭ thumb-middlefinger
Oṃ I bow to Klīṃ in the Middle Finger, Purify!

ॐ चामुण्डायै अनामिकाभ्यां हुम्

oṃ cāmuṇḍāyai anāmikābhyāṃ huṃ thumb-ringfinger
Oṃ I bow to Cāmuṇḍā in the Ring Finger, Cut The Ego!

ॐ विच्चे कनिष्ठिकाभ्यां वौषट्

oṃ vicce kaniṣṭhikābhyāṃ vauṣaṭ thumb-littlefinger
Oṃ I bow to Vicce in the Little Finger, Ultimate Purity!

ॐ ऐं ह्रीं क्लीं चामुण्डायै विच्चे

करतलकरपृष्ठाभ्यां अस्त्राय फट्

oṃ aiṃ hrīṃ klīṃ cāmuṇḍāyai vicce
karatalakara pṛṣṭhābhyāṃ astrāya phaṭ
(roll hand over hand front and back and clap)
Oṃ Aiṃ Hrīṃ Klīṃ Cāmuṇḍāyai Vicce
with the weapon of Virtue.

ॐ ऐं ह्रीं क्लीं चामुण्डायै विच्चे

oṃ aiṃ hrīṃ klīṃ cāmuṇḍāyai vicce
Oṃ Aiṃ Hrīṃ Klīṃ Cāmuṇḍāyai Vicce

हृदयादिन्यासः

hṛdayādi nyāsaḥ
Establishment in the heart, etc.

ॐ ऐं हृदयाय नमः

oṃ aiṃ hṛdayāya namaḥ touch heart
Oṃ I bow to Aiṃ in the Heart

ॐ ह्रीं शिरसे स्वाहा

oṃ hrīṃ śirase svāhā top of head
Oṃ I bow to Hrīṃ on Top of the Head, I am One with God!

ॐ क्लीं शिखायै वषट्

oṃ klīṃ śikhāyai vaṣaṭ back of head
Oṃ I bow to Klīṃ on the back of the head, Purify!

ॐ चामुण्डायै कवचाय हुम्

oṃ cāmuṇḍāyai kavacāya huṃ cross arms
Oṃ I bow to Cāmuṇḍā crossing both arms, Cut the Ego!

ॐ विच्चे नेत्रत्रयाय वौषट्

oṃ vicce netratrayāya vauṣaṭ touch three eyes
Oṃ I bow to Vicce on the three eyes, Ultimate Purity!

ॐ ऐं ह्रीं क्लीं चामुण्डायै विच्चे
करतलकरपृष्ठाभ्यां अस्त्राय फट्

oṃ aiṃ hrīṃ klīṃ cāmuṇḍāyai vicce
karatalakara pṛṣṭhābhyāṃ astrāya phaṭ
(roll hand over hand front and back and clap)
Oṃ Aiṃ Hrīṃ Klīṃ Cāmuṇḍāyai Vicce
with the weapon of Virtue.

ॐ ऐं ह्रीं क्लीं चामुण्डायै विच्चे

oṃ aiṃ hrīṃ klīṃ cāmuṇḍāyai vicce
Oṃ Aiṃ Hrīṃ Klīṃ Cāmuṇḍāyai Vicce

अक्षरन्यासः

akṣaranyāsaḥ
Establishment of the letters

ॐ ऐं नमः

oṃ aiṃ namaḥ top of head
Oṃ I bow to Aiṃ

ॐ ह्रीं नमः

oṃ hrīṃ namaḥ right eye
Oṃ I bow to Hrīṃ

ॐ क्लीं नमः

oṃ klīṃ namaḥ left eye
Oṃ I bow to Klīṃ

ॐ चां नमः

oṃ cāṃ namaḥ right ear
Oṃ I bow to Cāṃ

ॐ मुं नमः

oṃ muṃ namaḥ left ear
Oṃ I bow to muṇ

ॐ डां नमः

oṃ ḍāṃ namaḥ right nostril
Oṃ I bow to ḍāṃ

ॐ यैं नमः

oṃ yaiṃ namaḥ left nostril
Oṃ I bow to yaiṃ

ॐ विं नमः

oṃ viṃ namaḥ mouth
Oṃ I bow to viṃ

ॐ च्चें नमः

oṃ cceṃ namaḥ anus
Oṃ I bow to cceṃ

ॐ ऐं ह्रीं क्लीं चामुण्डायै विच्चे

oṃ aiṃ hrīṃ klīṃ cāmuṇḍāyai vicce
Oṃ Aiṃ Hrīṃ Klīṃ Cāmuṇḍāyai Vicce

दिङ्न्यासः

diṅ nyāsaḥ

Establishment in the Directions

ॐ ऐं उदीच्यै नमः

oṃ aiṃ udīcyai namaḥ north

Oṃ I bow to Aiṃ in the North

ॐ ह्रीं प्राच्यै नमः

oṃ hrīṃ prācyai namaḥ east

Oṃ I bow to Hrīṃ in the East

ॐ क्लीं दक्षिणायै नमः

oṃ klīṃ dakṣiṇāyai namaḥ south

Oṃ I bow to Klīṃ in the South

ॐ चामुण्डायै प्रतीच्यै नमः

oṃ cāmuṇḍāyai pratīcyai namaḥ west

Oṃ I bow to Cāmuṇḍā in the West

ॐ विच्चे वायव्यै नमः

oṃ vicce vāyavyai namaḥ northwest

Oṃ I bow to Vicce in the Northwest

ॐ ऐं ऐशान्यै नमः

oṃ aiṃ aiśānyai namaḥ northeast

Oṃ I bow to Aiṃ in the Northeast

ॐ ह्रीं आग्नेय्यै नमः

oṃ hrīṃ āgneyyai namaḥ southeast

Oṃ I bow to Hrīṃ in the Southeast

ॐ क्लीं नैर्ऋत्यै नमः

oṃ klīṃ nairṛtyai namaḥ southwest
Oṃ I bow to Klīṃ in the Southwest

ॐ चामुण्डायै ऊर्ध्वायै नमः

oṃ cāmuṇḍāyai ūrdhvāyai namaḥ up
Oṃ I bow to Cāmuṇḍā Looking Up

ॐ विच्चे भूम्यै नमः

oṃ vicce bhūmyai namaḥ down
Oṃ I bow to Vicce Looking Down

ॐ ऐं ह्रीं क्लीं चामुण्डायै विच्चे

oṃ aiṃ hrīṃ klīṃ cāmuṇḍāyai vicce ten directions
Oṃ Aiṃ Hrīṃ Klīṃ Cāmuṇḍāyai Vicce

ध्यानम्

dhyānam
Meditation

खड्गं चक्रगदेषुचापपरिघाञ्छूलं भुशुण्डीं शिरः
शङ्खं संदधतीं करैस्त्रिनयनां सर्वाङ्गभूषावृताम् ।
नीलाश्मद्युतिमास्यपाददशकां सेवे महाकालिकां
यामस्तौत्स्वपिते हरौ कमलजो हन्तुं मधुं कैटभम् ॥

khaḍgaṃ cakra gadeṣu cāpa
parighāñ chūlaṃ bhuśuṇḍīṃ śiraḥ
śaṅkhaṃ saṃdadhatīṃ karai
strinayanāṃ sarvāṅga bhūṣāvṛtām
nīlāśmadyutimāsya pāda
daśakāṃ seve mahākālikāṃ
yāmastaut svapite harau kamalajo
hantuṃ madhuṃ kaiṭabham

Bearing in Her ten hands the sword of worship, the discus of revolving time, the club of articulation, the bow of determination, the iron bar of restraint, the pike of attention, the sling, the head of egotism and the conch of vibrations, She has three eyes and displays ornaments on all Her limbs. Shining like a blue gem, She has ten faces. I worship that Great Remover of Darkness whom the lotus-born Creative Capacity praised in order to slay Too Much and Too Little, when the Supreme Consciousness was in sleep.

अक्षस्रक्परशुं गदेषुकुलिशं पद्मं धनुः कुण्डिकां
दण्डं शक्तिमसिं च चर्म जलजं घण्टां सुराभाजनम् ।
शूलं पाशसुदर्शने च दधतीं हस्तैः प्रसन्नाननां
सेवे सैरिभमर्दिनीमिह महालक्ष्मीं सरोजस्थिताम् ॥

akṣasrak paraśuṃ gadeṣu kuliśaṃ
padmaṃ dhanuḥ kuṇḍikāṃ
daṇḍaṃ śaktim asiṃ ca carma
jalajaṃ ghaṇṭāṃ surābhājanam
śūlaṃ pāśa sudarśane ca
dadhatīṃ hastaiḥ prasannānanāṃ
seve sairibha mardinīmiha
mahālakṣmīṃ sarojasthitām

She with the beautiful face, the Destroyer of the Great Ego, is seated upon the lotus of Peace. In Her hands She holds the rosary of alphabets, the battle axe of good actions, the club of articulation, the arrow of speech, the thunderbolt of illumination, the lotus of peace, the bow of determination, the water-pot of purification, the staff of discipline, energy, the sword of worship, the shield of faith, the conch of vibrations, the bell of continuous tone, the wine cup of joy, the pike of concentration, the net of unity and the discus of revolving time named Excellent Intuitive Vision. I worship that Great Goddess of True Wealth.

घण्टाशूलहलानि शङ्खमुसले चक्रं धनुः सायकं
हस्ताब्जैर्दधतीं घनान्तविलसच्छीतांशुतुल्यप्रभाम् ।
गौरीदेहसमुद्भवां त्रिजगतामाधारभूतां महा-
पूर्वामत्र सरस्वतीमनुभजे शुम्भादिदैत्यार्दिनीम् ॥

ghaṇṭā śūla halāni śaṅkha
musale cakraṃ dhanuḥ sāyakaṃ
hastābjair dadhatīṃ ghanānta
vilasacchītāṃśutulya prabhām
gaurīdeha samudbhavāṃ
trijagatām ādhārabhūtāṃ mahā-
pūrvāmatra sarasvatīm anubhaje
śumbhādi daityārdinīm

Bearing in Her lotus hands the bell of continuous tone, the pike of concentration, the plow sowing the seeds of the Way of Truth to Wisdom, the conch of vibrations, the pestle of refinement, the discus of revolving time, the bow of determination and the arrow of speech, whose radiance is like the moon in autumn, whose appearance is most beautiful, who is manifested from the body of She Who is Rays of Light, and is the support of the three worlds, that Great Goddess of All-Pervading Knowledge, who destroyed Self-Conceit and other thoughts, I worship.

ॐ ऐं ह्रीं अक्षमालिकायै नमः

oṃ aiṃ hrīṃ akṣamālikāyai namaḥ

Oṃ Aiṃ Hrīṃ I bow to the Rosary of Letters

ॐ मां माले महामाये सर्वशक्तिस्वरूपिणि ।
चतुर्वर्गस्त्वयि न्यस्तस्तस्मान्मे सिद्धिदा भव ॥

oṃ māṃ māle mahāmāye sarva śakti svarūpiṇi
catur vargas tvayi nyastas tasmān me siddhidā bhava

Oṃ My Rosary, The Great Measurement of Consciousness, containing all energy within as your intrinsic nature. Give to me the attainment of your Perfection, fulfilling the four objectives of life.

ॐ अविघ्नं कुरु माले त्वं गृह्णामि दक्षिणे करे ।
जपकाले च सिद्ध्यर्थं प्रसीद मम सिद्धये ॥

oṃ avighnaṃ kuru māle tvaṃ gṛhṇāmi dakṣiṇe kare
japakāle ca siddhyarthaṃ prasīda mama siddhaye

Oṃ Rosary, You please remove all obstacles. I hold you in my right hand. At the time of recitation be pleased with me. Allow me to attain the Highest Perfection.

ॐ अक्षमालाधिपतये सुसिद्धिं देहि देहि
सर्वमन्त्रार्थसाधिनि साधय साधय सर्वसिद्धिं परिकल्पय
परिकल्पय मे स्वाहा ॥

oṃ akṣa mālā dhipataye susiddhiṃ dehi dehi sarva mantrārtha sādhini sādhaya sādhaya sarva siddhiṃ parikalpaya parikalpaya me svāhā

Oṃ Rosary of rudrākṣa seeds, my Lord, give to me excellent attainment. Give to me, give to me. Illuminate the meanings of all mantras, illuminate, illuminate! Fashion me with all excellent attainments, fashion me! I am One with God!

ॐ ऐं ह्रीं क्लीं चामुण्डायै विच्चे

oṃ aiṃ hrīṃ klīṃ cāmuṇḍāyai vicce 108 times

Oṃ Aiṃ Hrīṃ Klīṃ Cāmuṇḍāyai Vicce

ॐ गुह्यातिगुह्यगोप्त्री त्वं गृहाणास्मत्कृतं जपम् ।
सिद्धिर्भवतु मे देवि त्वत्प्रसादान्महेश्वरि ॥

oṃ guhyātiguhyagoptrī tvaṃ gṛhāṇāsmatkṛtaṃ japam
siddhir bhavatu me devi tvatprasādān maheśvari

Oh Goddess, You are the Protector of the most secret of mystical secrets. Please accept the recitation that I have offered, and grant to me the attainment of Perfection.

ध्यानम्

dhyānam

Meditation

ॐ विद्युद्दामसमप्रभां मृगपतिस्कन्धस्थितां भीषणां
कन्याभिः करवालखेटविलसद्धस्ताभिरासेविताम् ।
हस्तैश्चक्रगदासिखेटविशिखांश्चापं गुणं तर्जनीं
बिभ्राणामनलात्मिकां शशिधरां दुर्गां त्रिनेत्रां भजे ॥

oṃ vidyud dāmasamaprabhāṃ
mṛgapati skandhasthitāṃ bhīṣaṇāṃ
kanyābhiḥ karavālakheṭa
vilasaddhastābhirā sevitām
hastaiścakra gadāsi kheṭa
viśikhāṃścāpaṃ guṇaṃ tarjanīṃ
bibhrāṇāmanalātmikāṃ śaśidharāṃ
durgāṃ trinetrāṃ bhaje

I meditate upon the three-eyed Goddess, Durgā, the Reliever of Difficulties; the luster of Her beautiful body is like lightning. She sits upon the shoulders of a lion and appears very fierce. Many maidens holding the double-edged sword and shield in their hands are standing at readiness to serve Her. She holds in Her hands discus, club, double-edged sword, shield, arrow, bow, net and the mudrā connecting the thumb and the pointer finger, with the other three fingers extended upwards, indicating the granting of wisdom. Her intrinsic nature is as fire, and upon her head She wears the moon as a crown.

ॐ

oṃ

ऋग्वेदोक्तं देवीसूक्तम्

ṛgvedoktaṃ devī sūktam

The Vedic Praise of the Goddess

- 1 -

ॐ अहं रुद्रेभिर्वसुभिश्चराम्यहमादित्यैरुत विश्वदेवैः ।
अहं मित्रावरुणोभा बिभर्म्यहमिन्द्राग्नी अहमश्विनोभा ॥

ahaṃ rudrebhir vasubhiś carāmyaham
ādityai ruta viśva devaiḥ
ahaṃ mitrā varuṇobhā bibharmyaham
indrāgnī ahamaśvinobhā

I travel with the Relievers of Suffering, with the Finders of the Wealth, with the Sons of Enlightenment as also with All Gods. I hold aloft Friendship and Equanimity, the Rule of the Pure, the Light of Meditation and the Divine Urge to Union.

- 2 -

अहं सोममाहनसं बिभर्म्यहं त्वष्टारमुत पूषणं भगम् ।
अहं दधामि द्रविणं हविष्मते
सुप्राव्ये यजमानाय सुन्वते ॥

ahaṃ somamāhanasaṃ bibharmyahaṃ
tvaṣṭāramuta pūṣaṇaṃ bhagam
ahaṃ dadhāmi draviṇaṃ haviṣmate
suprāvye yajamānāya sunvate

I perform the functions of Great Devotion, Creative Intelligence, Searchers for Truth and the Wealth of Realization. I give the wealth to the sacrificer who presses out the offering of devotion with attention.

- 3 -

अहं राष्ट्री संगमनी वसूनां
चिकितुषी प्रथमा यज्ञियानाम् ।
तां मा देवा व्यदधुः पुरुत्रा
भूरिस्थात्रां भूर्य्याविशयन्तीम् ॥

ahaṃ rāṣṭrī saṅgamanī vasūnāṃ
cikituṣī prathamā yajñiyānām
tāṃ mā devā vyadadhuḥ purutrā
bhūristhātrāṃ bhūryyāveśayantīm

I am the Queen, the united mind of the Guardians of the Treasure, the Supreme Consciousness of those who are offered sacrifice. Thus the Gods have established me in the manifold existence, the All-Pervading Soul of the Abundant Being.

- 4 -

मया सो अन्नमत्ति यो विपश्यति
यः प्राणिति य ईं शृणोत्युक्तम् ।
अमन्तवो मां त उप क्षियन्ति
शुधि श्रुत श्रद्धिवं ते वदामि ॥

mayā so annamatti yo vipaśyati
yaḥ prāṇiti ya īṃ śṛṇotyuktam
amantavo māṃ ta upa kṣiyanti
śrudhi śruta śraddhivaṃ te vadāmi

Through me alone all eat, all see, all breathe, all hear. They know me not, but yet they dwell beside me. Hear from me the truth of Faith as I speak to you.

- 5 -

अहमेव स्वयमिदं वदामि जुष्टं

देवेभिरुत मानुषेभिः ।

यं कामये तं तमुग्रं कृणोमि

तं ब्रह्माणं तमृषिं तं सुमेधाम् ॥

ahameva svayamidaṃ vadāmi juṣṭaṃ
devebhiruta mānuṣebhiḥ
yaṃ kāmaye taṃ tamugraṃ kṛṇomi
taṃ brahmāṇaṃ tamṛṣiṃ taṃ sumedhām

Only I, myself, of my own volition, speak this which is loved by Gods and men. Whosoever I love I give him strength, make him a Knower of Divinity, a Seer, one of loving intellect.

- 6 -

अहं रुद्राय धनुरा तनोमि ब्रह्मद्विषे शरवे हन्तवा उ ।

अहं जनाय समदं कृणोम्यहं द्यावापृथिवी आ विवेश ॥

ahaṃ rudrāya dhanurā tanomi
brahmadviṣe śarave hantavā u
ahaṃ janāya samadaṃ kṛṇomyahaṃ
dyāvā pṛthivī ā viveśa

I, the Preserving Energy, bend the bow for the Reliever of Suffering to slay the enemies of the Creative Consciousness by the arrows of speech. I give the people zealous fervor; I pervade throughout heaven and earth.

- 7 -

अहं सुवे पितरमस्य मूर्द्धन्मम योनिरप्स्वन्तः समुद्रे ।
ततो वि तिष्ठे भुवनानु विश्वोतामूं द्यां वर्ष्मणोप स्पृशामि ॥

ahaṃ suve pitaramasya mūrddhan
mama yonirapsvantaḥ samudre
tato vi tiṣṭhe bhuvanānu viśvo
tāmūṃ dyāṃ varṣmaṇopa spṛśāmi

I give birth to the Supreme Father of this All; my creative energy is in the waters of the inner ocean. From thence I extend through all the worlds of the Universe and touch the summit of heaven with my greatness.

- 8 -

अहमेव वात इव प्रवाम्यारभमाणा भुवनानि विश्वा ।
परो दिवा पर एना पृथिव्यैतावती महिना संबभूव ॥

ahameva vāta iva pravāmyārabhamāṇā bhuvanāni viśvā
paro divā para enā pṛthivyai tāvatī mahinā saṃbabhūva

I blow intensely all beings of the Universe like the wind. Beyond the heavens and beyond the earth to such an extent has my greatness altogether extended.

अथ श्रीदेव्यथर्वशीर्षम्

atha śrī devyatharvaśīrṣam

The Highest Meaning of the Goddess

- 1 -

ॐ सर्वे वै देवा देवीमुपतस्थुः कासि त्वं महादेवीति ॥

oṃ sarve vai devā devīmupatasthuḥ kāsi tvaṃ mahādevīti

All of the Gods collected near the Goddess and with great respect asked of the Great Goddess, "Who are you?"

- 2 -

साब्रवीत् -- अहं ब्रह्मस्वरूपिणी ।

मत्तः प्रकृतिपुरुषात्मकं जगत् । शून्यं चाशून्यं च ॥

sābravīt--ahaṃ brahmasvarūpiṇī
mattaḥ prakṛti puruṣātmakaṃ jagat
śūnyaṃ caśūnyaṃ ca

She replied: I am the intrinsic nature of Consciousness. From me both Nature and Consciousness have taken birth, this world of true existence and untrue appearance.

- 3 -

अहमानन्दानानन्दौ । अहं विज्ञानाविज्ञाने ।

अहं ब्रह्माब्रह्मणी वेदितव्ये । अहं पञ्चभूतान्यपञ्चभूतानि ।

अहमखिलं जगत् ॥

ahamānandānānandau
ahaṃ vijñānāvijñāne
ahaṃ brahmābrahmaṇī veditavye
ahaṃ pañcabhūtānya pañcabhūtāni
aham akhilaṃ jagat

I am the form of bliss and blisslessness. I am the form of the Wisdom of Unity and lack of wisdom as well. I am the capacity of understanding what is Brahmā, the Supreme

Consciousness, and what is not Brahmā. I am the great elements of existence as they unite in forms and in their ununited individual aspects as well. I am this entire perceivable universe.

- 4 -

वेदोऽहमवेदोऽहम् । विद्याहमविद्याहम् ।

अजाहमनजाहम् । अधश्चोर्ध्वं च तिर्यक्चाहम् ॥

vedo-hamavedo-ham
vidyāham avidyāham
ajāhamanajāham
adhaścordhvaṃ ca tiryakcāham

I am the Wisdom of Eternal Harmony, and I am lack of Wisdom; I am Knowledge and I am Ignorance; I am unborn and again I take birth; I am above and below, and even beyond.

- 5 -

ॐ अहं रुद्रेभिर्वसुभिश्चरामि । अहमादित्यैरुत विश्वदेवैः ।

अहं मित्रावरुणावुभौ बिभर्मि । अहमिन्द्राग्नी

अहमश्विनावुभौ ॥

oṃ ahaṃ rudrebhir vasubhiś carāmi
ahamādityairuta viśva devaiḥ
ahaṃ mitrā varuṇāvubhau bibharmi
aham indrāgnī aham aśvināvubhau

I travel with the Relievers of Suffering, with the Finders of the Wealth, with the Sons of Enlightenment, as also with All Gods. I hold aloft Friendship and Equanimity, the Rule of the Pure, the Light of Meditation and the Divine Urge to Union.

- 6 -

अहं सोमं त्वष्टारं पूषणं भगं दधामि ।
अहं विष्णुमुरुक्रमं ब्रह्माणमुत प्रजापतिं दधामि ॥

aham somam tvaṣṭāram pūṣaṇam bhagam dadhāmi
aham viṣṇumurukramam
brahmāṇamuta prajāpatim dadhāmi

I perform the functions of Great Devotion, Creative Intelligence, Searchers for Truth and the Wealth of Realization. I perform the functions of the All-Pervading Consciousness, the Creative Capacity and the Lord of Beings.

- 7 -

अहं दधामि द्रविणं हविष्मते सुप्राव्ये यजमानाय सुन्वते ।
अहं राष्ट्री सङ्गमनी वसूनां चिकितुषी प्रथमा यज्ञियानाम्
। अहं सुवे पितरमस्य मूर्धन्मम योनिरप्स्वन्तः समुद्रे । य
एवं वेद । स दैवीं सम्पदमाप्नोति ॥

aham dadhāmi draviṇam haviṣmate
suprāvye yajamānāya sunvate
aham rāṣṭrī saṅgamanī vasūnām
cikituṣī prathamā yajñiyānām
aham suve pitaramasya mūrdhan
mama yonirapsvantaḥ samudre
ya evam veda
sa daivīm sampadamāpnoti

I give wealth to the sacrificer who presses out the offering of devotion with attention. I am the Queen, the united mind of the Guardians of the Treasure, the Supreme Consciousness of those who are offered sacrifice. I give birth to the Supreme Father of this All; my creative energy is in the waters of the inner ocean. For such a one who knows this, the wealth of the Goddess increases.

- 8 -

ते देवा अब्रुवन्--
नमो देव्यै महादेव्यै शिवायै सततं नमः ।
नमः प्रकृत्यै भद्रायै नियताः प्रणताः स्म ताम् ॥

te devā abruvan--
namo devyai mahādevyai śivāyai satatam namaḥ
namaḥ prakṛtyai bhadrāyai niyatāḥ praṇatāḥ sma tām

Then the Gods replied: We bow to the Goddess, to the Great Goddess, to the Energy of Infinite Goodness at all times we bow. We bow to Nature, to the Excellent One, with discipline we have bowed down.

- 9 -

तामग्निवर्णां तपसा ज्वलन्तीं वैरोचनीं कर्मफलेषु जुष्टाम् ।
दुर्गां देवीं शरणं प्रपद्यामहेऽसुरान्नाशयित्र्यै ते नमः ॥

tāmagnivarṇāṃ tapasā jvalantīṃ
vairocanīṃ karmaphaleṣu juṣṭām
durgāṃ devīṃ śaraṇaṃ prapadyām
ahe-surānnāśayitryai te namaḥ

We take the refuge of She who is of the nature of Fire, who illuminates the Light of Wisdom in Meditation, the bestower of the fruits of all actions, the Goddess Durgā, the Reliever of all Difficulties. To the Destroyer of All Thoughts, we bow down to you.

- 10 -

देवीं वाचमजनयन्त देवास्तां विश्वरूपाः पशवो वदन्ति ।
सा नो मन्द्रेषमूर्जं दुहाना धेनुर्वागस्मानुप सुष्टुतैतु ॥

devīṃ vācamajanayanta devās
tāṃ viśvarūpāḥ paśavo vadanti
sā no mandreṣamūrjaṃ duhānā
dhenurvāgasmānupa suṣṭutaitu

The Gods have offered forth many loving vibrations to the Goddess. All living beings call Her the form of the universe. May She who is like the cow granting all desires, Giver of Bliss and Strength, the form of all sound, may that Ultimate Goddess, being pleased with our hymns, present Herself before us.

- 11 -

कालरात्रीं ब्रह्मस्तुतां वैष्णवीं स्कन्दमातरम् ।

सरस्वतीमदितिं दक्षदुहितरं नमामः पावनां शिवाम् ॥

kālarātrīṃ brahmastutāṃ vaiṣṇavīṃ skandamātaram
sarasvatīm aditiṃ
dakṣaduhitaraṃ namāmaḥ pāvanāṃ śivām

We bow to the Time of Darkness, to She who is praised by the Creative Capacity, to the Energy of Universal Consciousness, to the Mother of Divinity, to the Spirit of All-Pervading Knowledge, to the Mother of Enlightenment, to the Daughter of Ability, to the Energy of Goodness.

- 12 -

महालक्ष्म्यै च विद्महे सर्वशक्त्यै च धीमहि ।

तन्नो देवी प्रचोदयात् ॥

mahālakṣmyai ca vidmahe sarvaśaktyai ca dhīmahi
tanno devī pracodayāt

We know the Goddess Mahālakṣmī, and we meditate upon She who embodies all energy. May that Goddess grant us increase in wisdom.

- 13 -

अदितिर्ह्यजनिष्ट दक्ष या दुहिता तव ।

तां देवा अन्वजायन्त भद्रा अमृतबन्धवः ॥

aditirhyajaniṣṭa dakṣa yā duhitā tava
tāṃ devā anvajāyanta bhadrā amṛtabandhavaḥ

Now Ability, your daughter, the Mother of Enlightenment, has taken birth, and also the excellent Gods of Eternal Bliss.

- 14 -

कामो योनिः कमला वज्रपाणि-

र्गुहा हसा मातरिश्वाभ्रमिन्द्रः ।

पुनर्गुहा सकला मायया च

पुरूच्यैषा विश्वमातादिविद्योम् ॥

kāmo yoniḥ kamalā vajrapāṇir
guhā hasā mātariśvābhramindraḥ
punarguhā sakalā māyayā ca
purūcyaiṣā viśvamātādi vidyom

Desire (ka), the womb of creation (e), the lotus Lakṣmi (ī), She with the thunderbolt in hand (la), the cave (hrīṃ), the letters (ha) (sa), the emancipated Lord of Wind (ka), the atmosphere (ha), the Rule of the Pure (la), again the cave (hrīṃ), the letters (sa) (ka) (la), Māyā (hrīṃ), this is the root of the knowledge of the Divine Mother.

Note:

Causal Body

ka	Wisdom, Ultimate Objective, Dissolution, Tamas Guṇa
e	Desire, Creation, Rajas Guṇa
ī	Action, Preservation, Sattva Guṇa
la	Manifestation
hrīṃ	Māyā, the One looking to the One

Subtle Body

ha	The Divine I, Īśvara, Puruṣa
sa	That, Prakṛti
ka	Heaven, Svaḥ
ha	Atmosphere, Bhuvaḥ
la	Earth, Bhūḥ
hrīṃ	Māyā, the One looking to the many, the many looking to the One

Gross Body

sa	All
ka	Desires, Objectives
la	Individual Manifestations
hrīṃ	Māyā, the many looking to the many

This is how the code works. Each word is reduced to its abbreviated form as a Bīja Mantra, a Seed Mantra, and the unity of all the bījas, the seeds, spells out the Śrī Vidyā, the Knowledge of the Ultimate Prosperity: how God sees Himself; how God sees the world and the world sees God; and how the world sees the world; the three forms of Māyā; Māyā as illusion, Māyā as the universal body of Nature, Māyā as the One Consciousness in harmony with its own self.

In the "Nityaṣoḍaśikārṇava" another interpretation is offered: Śiva-Śakti of undifferentiated form, the potentiality of Brahmā, Viṣṇu and Śiva (Creative, Maintaining and Dissolving Capacities of Consciousness), the form of Sarasvatī, Lakṣmī and Gaurī (Rajas, Sattva and Tamas guṇas: knowledge, action and desire), the capacity of impure, mixed and pure spiritual discipline, unity of existence, of Śiva-Śakti, the intrinsic nature of Brahma (Supreme Consciousness), bestower of Supreme Wisdom beyond thought or form, manifesting all the principles, the great three-fold beauty.

This is the Bhāvārtha or purport of the mantra, the meaning according to the intensity of intuition as per the development of an aspirant's discipline. This mantra is defined in six different ways: according to the intensity of intuition, spoken meaning, meaning according to the schools of philosophy, according to the monastic order, secret meaning, and the meaning according to the principles. The definition we have presented purports to be an accurate rendition of the secret meaning, and is also in conformity with the principles of Tantra Tattvas.

- 15 -

एषाऽऽत्मशक्तिः । एषा विश्वमोहिनी । पाशाङ्कुशधनुर्बाण-
धरा । एषा श्रीमहाविद्या । य एवं वेद स शोकं तरति ॥

eṣā--tmaśaktiḥ
eṣā viśva mohinī
pāśāṅkuśa dhanur bāṇadharā
eṣā śrī mahāvidyā
ya evaṃ veda sa śokaṃ tarati

This is the Energy of the Universal Soul; this is the delusion of the world; this is She who holds in Her four arms the net, the curved sword, the bow and arrow; this is the Great Śrī Vidyā -- the Great Knowledge of Ultimate Prosperity; he who understands this may never sorrow again.

- 16 -

नमस्ते अस्तु भगवति मातरस्मान् पाहि सर्वतः ॥

namaste astu bhagavati mātarasmān pāhi sarvataḥ

Oh Bhagavatī, Empress of the Universe, we bow to you! Oh Mother, protect us in every way.

- 17 -

सैषाष्टौ वसवः । सैषैकादश रुद्राः । सैषा द्वादशादित्याः ।
सैषा विश्वेदेवाः सोमपा असोमपाश्च । सैषा यातुधाना
असुरा रक्षांसि पिशाचा यक्षाः सिद्धाः ।
सैषा सत्त्वरजस्तमांसि । सैषा ब्रह्मविष्णुरुद्ररूपिणी ।
सैषा प्रजापतीन्द्रमनवः । सैषा ग्रहनक्षत्रज्योतींषि ।
कलाकाष्ठादिकालरूपिणी । तामहं प्रणौमि नित्यम् ॥

saiṣāṣṭau vasavaḥ
saiṣaikādaśa rudrāḥ
saiṣā dvādaśādityāḥ
saiṣā viśvedevāḥ somapā asomapāśca
saiṣā yātudhānā asurā rakṣāṃsi piśācā yakṣāḥ siddhāḥ
saiṣā sattva rajas tamāṃsi
saiṣā brahma viṣṇu rudra rūpiṇī
saiṣā prajāpatīndra manavaḥ
saiṣā grahanakṣatra jyotīṃṣi
kalākāṣṭhādi kālarūpiṇī
tāmahaṃ praṇaumi nityam

(The Seer of the mantra says:) She is the eight forms of wealth; She is the Eleven Relievers from Sufferings; She is the twelve Sons of Enlightenment; She is All Gods who drink the nectar of Devotion and She is those who do not; She is the lowest concerns of the mind, thoughts, confusions, conflicts, good spirits and attainments of perfection. She is Truth and Light, Activity and Rest. She is the form of Brahmā, Viṣṇu and Rudra. She is the Lord of Beings, the Rule of the Pure, the manifestation of Reason. She is the planets and the Light of the stars. She is the form of time and its divisions. We continually bow down to Her.

पापापहारिणीं देवीं भुक्तिमुक्तिप्रदायिनीम् ।
अनन्तां विजयां शुद्धां शरण्यां शिवदां शिवाम् ॥

pāpāpahāriṇīṃ devīṃ bhukti mukti pradāyinīm
anantāṃ vijayāṃ śuddhāṃ śaraṇyāṃ śivadāṃ śivām

To She who Destroys Confusion, to the Grantor of Enjoyment and Liberation, who resides within, Giver of Victory, without flaw or imperfection, the True Competent Refuge, Bestower of Welfare, and the Energy of Infinite Goodness, to that Goddess we continually bow down.

- 18 -

वियदीकारसंयुक्तं वीतिहोत्रसमन्वितम् ।
अर्धेन्दुलसितं देव्या बीजं सर्वार्थसाधकम् ॥

viyadīkārasaṃyuktaṃ vītihotra samanvitam
ardhendulasitaṃ devyā bījaṃ sarvārtha sādhakam

Atmosphere (ha) plus the letter (ī), the Divine Fire which is the Light of Meditation (ra), anusvāra (ṃ) the beautiful ornament of the Goddess, the seed mantra which accomplishes all objectives.

- 19 -

एवमेकाक्षरं ब्रह्म यतयः शुद्धचेतसः ।
ध्यायन्ति परमानन्दमया ज्ञानाम्बुराशयः ॥

evamekākṣaraṃ brahma yatayaḥ śuddhacetasaḥ
dhyāyanti paramānandamayā jñānāmburāśayaḥ

Who meditates upon this one-syllabled deity, his consciousness becomes pure. He becomes filled with the ultimate bliss, and he becomes the ocean of Wisdom.

- 20 -

वाङ्माया ब्रह्मसूस्तस्मात् षष्ठं वक्त्रसमन्वितम् ।
सूर्योऽवामश्रोत्रबिन्दुसंयुक्तष्टात्तृतीयकः ।
नारायणेन संमिश्रो वायुश्चाधरयुक् ततः ।
विच्चे नवार्णकोऽर्णः स्यान्महदानन्ददायकः ॥

vāṅmāyā brahmasūstasmāt ṣaṣṭhaṃ vaktra samanvitam
sūryo-vāmaśrotra bindu saṃyuktaṣṭāttṛtīyakaḥ
nārāyaṇena saṃmiśro vāyuścādharayuk tataḥ
vicce navārṇako-rṇaḥ syān mahadānanda dāyakaḥ

Sound (aiṃ); Māyā (hrīṃ); Ultimate Objective (klīṃ); six letters forward from ka = ca + a = cā; the Sun (ma); the letter of the right ear (u) + anusvāra = muṇ; from ṭa three letters forward = ḍa + the seed mantra of Nārāyaṇa (ā) = ḍā; Vāyu's seed mantra (ya) + ai = yai and vicce -- this is the Navārṇa Mantra which gives meditators the highest bliss and unites them in the being of the Supreme Reality.

- 21 -

हृत्पुण्डरीकमध्यस्थां प्रातःसूर्यसमप्रभाम् ।
पाशाङ्कुशधरां सौम्यां वरदाभयहस्तकाम् ।
त्रिनेत्रां रक्तवसनां भक्तकामदुघां भजे ॥

hṛtpuṇḍarīkamadhyasthāṃ prātaḥ sūrya sama prabhām
pāśāṅkuśa dharāṃ saumyāṃ varadābhaya hastakām
trinetrāṃ raktavasanāṃ bhaktakāmadughāṃ bhaje

Who resides in the lotus of the heart, whose radiance is like the luster of the rising sun, who holds in Her hands the net and curved sword, of beautiful appearance, and shows the mudrās bestowing fearlessness and granting boons; displaying three eyes, wearing a red cloth, who fulfills the desires of devotees, that Goddess I worship.

- 22 -

नमामि त्वां महादेवीं महाभयविनाशिनीम् ।
महादुर्गप्रशमनीं महाकारुण्यरूपिणीम् ॥

namāmi tvāṃ mahādevīṃ mahābhayavināśinīm
mahādurga praśamanīṃ mahākāruṇya rūpiṇīm

I bow down to you, the Great Goddess, the Great Destroyer of all Fear, the Great Reliever of all Difficulties, the form of the Great Bestower of Compassion.

- 23 -

यस्याः स्वरूपं ब्रह्मादयो न जानन्ति तस्मादुच्यते अज्ञेया
। यस्या अन्तो न लभ्यते तस्मादुच्यते अनन्ता । यस्या
लक्ष्यं नोपलक्ष्यते तस्मादुच्यते अलक्ष्या । यस्या जननं
नोपलभ्यते तस्मादुच्यते अजा । एकैव सर्वत्र वर्तते तस्
मादुच्यते एका । एकैव विश्वरूपिणी तस्मादुच्यते नैका ।
अत एवोच्यते अज्ञेयानन्तालक्ष्याजैका नैकेति ॥

yasyāḥ svarūpaṃ brahmādayo
na jānanti tasmāducyate ajñeyā
yasyā anto na labhyate tasmāducyate anantā
yasyā lakṣyaṃ nopalakṣyate tasmāducyate alakṣyā
yasyā jananaṃ nopalabhyate tasmāducyate ajā
ekaiva sarvatra vartate tasmāducyate ekā
ekaiva viśvarūpiṇī tasmāducyate naikā
ata evocyate ajñeyānantālakṣyājaikā naiketi

Whose intrinsic nature Brahmā and other divinities cannot know, and therefore She is called Unknowable; whose end cannot be found, and therefore She is called Infinite; whose definition cannot be defined, and therefore She is called Undefinable; whose birth cannot be understood, and therefore She is called Unborn; whose presence is everywhere, and therefore She is called the ONE; who alone is the active principle in the form of the universe, and therefore She is called the many. Therefore She is called Unknowable, Infinite, Undefinable, Unborn, One and Many.

- 24 -

मन्त्राणां मातृका देवी शब्दानां ज्ञानरूपिणी ।
ज्ञानानां चिन्मयातीता शून्यानां शून्यसाक्षिणी ।
यस्याः परतरं नास्ति सैषा दुर्गा प्रकीर्तिता ॥

mantrāṇāṃ mātṛkā devī śabdānāṃ jñānarūpiṇī
jñānānāṃ cinmayātītā śūnyānāṃ śūnyasākṣiṇī
yasyāḥ parataraṃ nāsti saiṣā durgā prakīrtitā

Oh Goddess, you reside in all mantras in the form of letters, in all words in the form of wisdom and meaning. In Wisdom you reside as the Bliss of Consciousness, and in silence you reside as the Ultimate Silence beyond which no greater exists. There you are known by the name of the Reliever of Difficulties.

- 25 -

तां दुर्गां दुर्गमां देवीं दुराचारविघातिनीम् ।
नमामि भवभीतोऽहं संसारार्णवतारिणीम् ॥

tāṃ durgāṃ durgamāṃ devīṃ durācāravighātinīm
namāmi bhavabhīto-haṃ saṃsārārṇavatāriṇīm

I bow to the Reliever of Difficulties, to the Goddess who Destroys Confusion, who destroys all inappropriate conduct, who takes us across the sea of objects and relationships free from fear.

- 26 -

इदमथर्वशीर्षं योऽधीते स पञ्चाथर्वशीर्षजपफलमाप्नोति ।
इदमथर्वशीर्षमज्ञात्वा योऽर्चां स्थापयति --
शतलक्षं प्रजप्त्वापि सोऽर्चासिद्धिं न विन्दति ।
शतमष्टोत्तरं चास्य पुरश्चर्याविधिः स्मृतः ।
दशवारं पठेद् यस्तु सद्यः पापैः प्रमुच्यते ।
महादुर्गाणि तरति महादेव्याः प्रसादतः ॥

idamatharvaśīrṣaṃ yo-dhīte sa pañcātharvaśīrṣa japa phalamāpnoti idamatharvaśīrṣamajñātvā yo-rcāṃ sthāpayati--śatalakṣaṃ prajaptvāpi so-rcāsiddhiṃ na vindati śatamaṣṭottaraṃ cāsya puraścaryā vidhiḥ smṛtaḥ daśavāraṃ paṭhed yastu sadyaḥ pāpaiḥ pramucyate mahādurgāṇi tarati mahādevyāḥ prasādataḥ

Who studies this "Highest Meaning" receives the fruit of five complete recitations. Who does not understand the Highest Meaning, but installs a deity for worship, he may recite millions of mantras, but his worship will be without attainment. The system of fire worship with these mantras requires one hundred eight oblations. Who recites these mantras ten times will be immediately freed from all sins, and with the grace of the Great Goddess all terrible difficulties will be alleviated.

सायमधीयानो दिवसकृतं पापं नाशयति । प्रातरधीयानो रात्रिकृतं पापं नाशयति । सायं प्रातः प्रयुञ्जानो अपापो भवति । निशीथे तुरीयसन्ध्यायां जप्त्वा वाक्सिद्धिर्भवति । नूतनायां प्रतिमायां जप्त्वा देवतासान्निध्यं भवति । प्राणप्रतिष्ठायां जप्त्वा प्राणानां प्रतिष्ठा भवति । भौमाश्विन्यां महादेवीसन्निधौ जप्त्वा महामृत्युं तरति । स महामृत्युं तरति य एवं वेद । इत्युपनिषत् ॥

sāyamadhīyāno divasakṛtaṃ pāpaṃ nāśayati
prātaradhīyāno rātrikṛtaṃ pāpaṃ nāśayati
sāyaṃ prātaḥ prayuñjāno apāpo bhavati
niśīthe turīyasandhyāyāṃ japtvā vāk siddhir bhavati
nūtanāyāṃ pratimāyāṃ japtvā devatāsānnidhyaṃ bhavati
prāṇa pratiṣṭhāyāṃ japtvā prāṇānāṃ pratiṣṭhā bhavati
bhaumāśvinyāṃ mahādevī
sannidhau japtvā mahāmṛtyuṃ tarati
sa mahāmṛtyuṃ tarati ya evaṃ veda
ityupaniṣat

Who recites these mantras in the night will be freed from all sins committed during the day. Who recites these mantras in the morning will be freed from all sins committed during the night. Who recites both in the day and in the night will be freed from all sin. Who recites at midnight (four times of worship are recommended for Śrī Vidyā meditators) will attain the perfection of auspicious vibrations. Who recites before a new image of the Goddess will attain Her proximity. If it is recited at the time of establishment of life within a deity, life will be established. If recited before the Goddess in the (astrological yoga) Union of Eternal Attainment (Amṛta Siddhi Yoga) then the Great Death is avoided.

Who understands this avoids the Great Death.
This is the Upaniṣad.

ॐ

oṃ

प्रणामः

Praṇāmaḥ

Bowing Down with Devotion

ॐ दुर्गां शिवां शान्तिकरीं ब्रह्माणीं ब्रह्मणः प्रियाम् ।
सर्वलोकप्रणेत्रीञ्च प्रणमामि सदा शिवाम् ॥

oṃ durgāṃ śivāṃ śānti karīṃ
brahmāṇīṃ brahmaṇaḥ priyām
sarvaloka praṇetrīñca praṇamāmi sadā śivām

The Reliever of Difficulties, Exposer of Goodness, Cause of Peace, Infinite Consciousness, Beloved by Knowers of Consciousness; She who Motivates and Guides the three worlds, always I bow to Her, and I am bowing to Goodness Herself.

मङ्गलां शोभनां शुद्धां निष्कलां परमां कलाम् ।
विश्वेश्वरीं विश्वमातां चण्डिकां प्रणमाम्यहम् ॥

maṅgalāṃ śobhanāṃ śuddhāṃ niṣkalāṃ paramāṃ kalām
viśveśvarīṃ viśvamātāṃ caṇḍikāṃ praṇamāmyaham

Welfare, Radiant Beauty, Completely Pure, without limitations, the Ultimate Limitation, the Lord of the Universe, the Mother of the Universe, to you Chaṇḍī, to the Energy which Tears Apart Thought, I bow in submission.

सर्वदेवमयीं देवीं सर्वरोगभयापहाम् ।
ब्रह्मेशविष्णुनमितां प्रणमामि सदा शिवाम् ॥

sarva deva mayīṃ devīṃ sarva roga bhayāpahām
brahmeśa viṣṇu namitāṃ praṇamāmi sadā śivām

She is composed of all the Gods, removes all sickness and fear, Brahmā, Maheśvara and Viṣṇu bow down to Her, and I always bow down to the Energy of Infinite Goodness.

विन्ध्यस्थां विन्ध्यनिलयां दिव्यस्थाननिवासिनीम् ।
योगिनीं योगजननीं चण्डिकां प्रणमाम्यहम् ॥

vindhyasthāṃ vindhya nilayāṃ divyasthāna nivāsinīm
yoginīṃ yoga jananīṃ caṇḍikāṃ praṇamāmyaham
The dwelling place of Knowledge, residing in Knowledge, Resident in the place of Divine Illumination, the Cause of Union, the Knower of Union, to the Energy Which Tears Apart Thought we constantly bow.

ईशानमातरं देवीमीश्वरीमीश्वरप्रियाम् ।
प्रणतोऽस्मि सदा दुर्गां संसारार्णवतारिणीम् ॥

īśānamātaraṃ devīm īśvarīm īśvarapriyām
praṇato-smi sadā durgāṃ saṃsārārṇava tāriṇīm
The Mother of the Supreme Consciousness, the Goddess Who is the Supreme Consciousness, beloved by the Supreme Consciousness, we always bow to Durgā, the Reliever of Difficulties, who takes aspirants across the difficult sea of objects and their relationships.

Books by Shree Maa and
Swami Satyananda Saraswati

Annapūrṇa Thousand Names
Before Becoming This
Bhagavad Gītā
Chaṇḍi Pāṭh
Cosmic Pūjā
Cosmic Pūjā Bengali
Devī Gītā
Devī Mandir Songbook
Durgā Pūjā Beginner
Ganeśa Pūjā
Gems From the Chaṇḍi
Guru Gītā
Hanumān Pūjā
Kālī Dhyānam
Kālī Pūjā
Lakṣmī Sahasra Nāma
Lalitā Triśati
Rudrāṣṭādhyāyī
Sahib Sadhu
Saraswati Pūjā for Children
Shree Maa's Favorite Recipes
Shree Maa - The Guru & the Goddess
Shree Maa, The Life of a Saint
Śiva Pūjā Beginner
Śiva Pūjā and Advanced Fire Ceremony
Sundara Kāṇḍa
Swāmī Purāṇa
Thousand Names of Ganeśa
Thousand Names of Gayatri
Thousand Names of Viṣṇu

Cassette Tapes and CDs by Shree Maa and Swamiji

Chaṇḍi Pāṭh
Durgā Pūjā Beginner
Lalitā Triśati
Mantras of the Nine Planets
Navarṇa Mantra
Oh Dark Night Mother
Sādhu Stories from the Himalayas
Shree Maa at the Devi Mandir
Shree Maa in Mendocino
Shree Maa in the Temple of the Heart
Shiva is in My Heart
Śiva Pūjā Beginner
Śiva Pūjā and Advanced Fire Ceremony
The Goddess is Everywhere
The Songs of Ramprasad
The Thousand Names of Kālī

www.shreemaa.org
info@shreemaa.org

Lightning Source UK Ltd.
Milton Keynes UK
UKHW040950040822
406842UK00001B/144

9 781877 795565